KB063102

서안 실크로드
역사문화 기행

이강국 지음

BOOK★STAR

머리말

서안은 발길 닿는 곳곳에 화려한 유적들이 즐비한 역사 도시이다. 유적들이 가진 신비로움은 그저 만남만으로도 가슴을 떨리게 한다. 1994년과 1996년 그리고 2000년 서안을 방문했을 때 느낀 것은 경탄 그 자체였다. 그 후 시간이 날 때마다 『여불위』, 『진시황』, 『초한전기』, 『삼국지』, 『측천무후 비사』, 『태평공주 비사』, 『양귀비 비사』 등 많은 역사 드라마를 보고 역사책을 읽으면서 중국 역대 왕조들의 역사와 인물들에 대해 좀 더 알게 되었다.

2015년 4월 서안에 부임하면서 서안과 주변을 좀 더 자세히 돌아보게 되었고 이곳이 중국 역사문화의 보금자리였다는 것을 실감하게 되었다. 그리고 이 보금자리에서 만들어진 선진 문명은 여러 개의 길을 따라 다른 지역이나 나라에 전파되고 역으로 외부 세계에서 자양분을 공급받아 기존의 문명을 더욱 발전시켜 새로운 문명을 창조해 나갔다는 사실을 구체적으로 알게 되었다. 독자들과 함께 중국의 역사문화의 보금자리와 이곳으로 통했던 길을 탐방해 보려고 한다.

첫째, 문명의 보금자리이다. 황하가 섬서성(陝西省)을 휘돌아 흐르며 장대한 진령(秦嶺)산맥이 병풍처럼 둘러싸여 있고 풍요로운 관중평야가 자리하고 있어 일찍이 서안은 오래도록 평안하라는 뜻의 장안(長安)이라 불렸고 문명을 발전시키기에 매우 적합한 환경을 지니고 있었다. 그래서 유구한 역사 속에서 중국 문화에 외래문화를 흡수하고 융합하여 선진 문명을 만들어 내는 용광로(鎔鑛爐)와 같은 역할을 하면서 수준 높은 문명을 꽃피웠다. 갑골문자, 청동기 금문에서 시작된 한자는 문명의 발전에 눈부신 역할을 하였다.

둘째, 역사의 보금자리이다. 고대 13개 왕조의 수도였으며 특히 주(周), 진(秦), 한(漢), 수(隋), 당(唐) 등 대제국이 도읍을 정하였다. 주(周) 시기에 정치·경제·문화 등의 각종 제도가 정비되기 시작하고 사상이 분출했다. 진(秦)은 최초로 중국을 통일하였으며, 한(漢)은 북방 유목민족과의 대결 속에서 실크로드를 개척하여 동서양 교류를 촉진시켰다. 수(隋)는 5호 16국, 남북조로 수백 년간 분열된 중국을 통일하였다. 당(唐)은 국제적이고 개방적인 대제국으로서 북방 유목민족의 질박하고 거센 문화와 한족의 화려하면서도 실용적인 문화를 서로 융합시켜 새로운 형태의 중국 문화(中國文化)를 창조했으며 동아시아 교류에서 중요한 역할을 하였다.

셋째, 유적·유물 참관의 길이다. 수많은 유적지가 남아 있어 천연 박물관이라는 아름다운 영예를 갖고 있다. 세계의 8대 경이 중의 하나로 꼽히는 병마용은 이집트에 가면 피라미드를 보아야 하듯이 서안에 오면 반드시 보아야 할 곳이다. 마르코 폴로의 『동방견문록』에도 나오는 서안 성벽은 여러 대의 마차가 동시에 다닐 수 있을 정도로 웅장하다. 비림박물관에서는 '비석의 숲'이라는 명칭에 걸맞게 수많은 명문 비석을 만날 수 있다. 섬서역사박물관은 문물 수량과 종류, 그리고 다양성과 가치 등 여러 측면에서 독보적이다.

넷째, 관광의 길이다. 서안은 대제국, 특히 당나라의 도읍지였던 곳으로 서양에 로마가 있다면 동양에는 장안이 있다는 말이 나올 정도로 번영을 구가하였다. 그래서 지금도 서안은 볼거리, 이야깃거리가 넘친다. 양귀비(楊貴妃)가 노닐었던 화청지에서는 당 현종과 양귀비의 사랑을 읊은 백거이의 시 『장한가(長恨歌)』가 화려한 쇼로 재현되었다. 또한, 대안탑 광장을 마주하여 새로운 문화 공간으로 조성된 '대당불야성(大唐不夜城)' 거리는 대당부용원, 곡강 유적지와 조화를 이루면서 수많은 사람이 찾는 명소로 거듭나고 있다.

다섯째, 불교 구도의 길이다. 불교가 중국으로 전래된 이후 많은 인도 고승들이 오고 법현, 현장 등 스님들이 직접 인도에 가서 구법을 하면서 서안은 불교의 중심지가 되었다. 중국의 8대 불교 종파 중 6개 종파가 서안에서 생겼다. 황제가 법문을 듣던 법문사(法門寺), 장안 최고의 밀교(密敎) 사찰인 대흥선사(大興善寺), 현장법사와 더불어 중국 불교의 2대 역성(二大譯聖)으로 꼽히는 구마라습이 정진한 초당사, 도선(道宣)스님이 수행하며 불법을 전수하던 정업사, 대안탑이 있는 대자은사, 현장법사 사리탑을 비롯하여 원측 사리탑 및 규기 사리탑이 있는 흥교사, 의정스님이 인도에 구법한 후 불경 번역에 정진한 천복사 등 이름 높은 사찰들이 즐비하다.

여섯째, 실크로드의 길이다. 비단으로 대변되는 동서양 간 교역의 길
이자 문명 교류의 길로서 역사상 가장 선명한 의미의 발자취를 남긴 길
이다. 중국에 불교를 전하게 되면서 고승들이 오가게 되는 주된 길도
실크로드였다. 그래서 실크로드에는 많은 문화유산들이 축적되었다.
곳곳에 널려 있는 유적지와 명승지는 흥미진진했던 이야기들을 간직하
고 있다. 고대 서역 남북로가 갈라지는 실크로드 요충지였던 돈황은 세
계적 불교문화의 보고라고 일컬어지는 막고굴(莫高窟, 모우까오쿠) 석
굴이 찬란하게 빛나고 있다.

일곱째, 중국 혁명의 길이다. 강서(江西)성 등 남쪽에서 활동하다가
국민당군의 포위를 뚫고 대장정을 통해 연안으로 피해 온 중국 공산당
은 서안사변으로 기사회생한다. 그 후 선전전을 강화하고 힘을 키워 일
본의 패망 후에 전개된 국공내전에서 승리하여 정권을 잡게 된다. 연안
에는 모택동(毛澤東)과 주은래(周恩來), 주덕(朱德)을 비롯한 지도자
들이 살았던 요동(窯洞) 등 중국 혁명 유적지가 곳곳에 남아 있어 참관
객들의 발길이 끊이지 않고 있다.

마지막으로 한중 교류의 길이다. 국제적이고 개방적이었던 당나라
때에 한중 간 교류가 빈번하게 전개되어 구법승과 유학생들이 장안에
와서 활동하였다. 그래서 서안과 주변 곳곳에는 한국 선현들의 발자취
가 남아 있다. 원측스님은 불경 연구와 역경을 통해 중국 불교의 발전
에 기여하고 한국 불교사상의 기틀을 세우는데 중요한 역할을 하였다.

혜초스님은 인도에 구법을 하고 장안에 돌아와 『왕오천축국전』이라는 불후의 기행문을 남겼다. 최치원(崔致遠) 선생은 「토황소격문(討黃巢檄文)」을 지어 황소의 난을 평정하는데 기여하였고 문장가로서 이름을 날렸다.

아는 만큼 보이고 보이는 만큼 느낀다는 말이 있다. 탐방에는 사전 공부와 자료 준비가 필수적이다. 더구나 역사와 문화의 심원이 깊은 서안과 실크로드를 보기 위해서는 체계적으로 정리된 지식이 필요할 것이다. 예를 들어 한자의 발전 과정을 이해해야만 비림박물관의 신비를 느낄 수 있고, 중국 왕조의 역사를 알아야만 거대한 왕릉과 박물관 유물에 대해 이해할 수 있다.

서안을 찾는 많은 사람들이 병마용과 서안비림박물관, 그리고 섬서역사박물관 등을 일별하고 사진만 찍고 가는 것을 보았다. 사전에 공부가 좀 되어 있으면 그렇지 않을 것이다. 물론 여기에는 유적지와 유물들에 대해 체계적으로 설명해 주는 책자를 찾아보기가 힘든 점도 원인으로 작용할 것이다. 시간도 있고 여건이 좋은 학생 방문단이나 전문 탐방단 중에는 별도로 책자를 만들어 공부하고 오는 경우도 있는데 일반적인 경우는 아니다.

적지 않은 사람들로부터 설명서를 써 보는 것이 어떠냐는 권유를 받았다. 아무래도 필자가 중국에서 근무한 경험이 많고 서안에서 상주하고 있기 때문일 것이다. 이러한 연유로 책을 쓰기 시작했는데 진령(秦

嶺)산맥 등반이 큰 도움이 되었다. 관중(關中)평원을 내려다보고 자오곡(子午谷) 등 역사서에 나오는 길을 밟아 보며 유서 깊은 도교 사원과 불교 사찰을 살펴보면서 줄거리를 잡을 수 있었다.

서북대학, 섬서사범대학 그리고 많은 박물관 연구원들과의 대화와 한중 학자들이 함께한 세미나는 중국의 역사문화에 대한 인식의 폭과 깊이를 더해 주었다. 중국 역사문화와 한중 교류사에 관한 많은 분들의 연구는 이 분야 이해에 큰 도움이 되고 참고가 되었다. 이 자리를 빌려 선각자적인 연구에 경의를 표하고자 한다.

1999년 돈황 방문 계획을 세울 때에 서울에서 근무하고 있는 동료에게 서역에 관한 책을 한 권 보내 줄 것을 부탁한 적이 있다. 그 동료는 책을 보내 주면서 언젠가 서역의 감동을 들을 수 있기를 기대한다는 메모도 동봉했다. 그로부터 20년 가까이 되는 시점에서 서역의 감동과 더불어 서안의 감동에 대해 이야기하게 되었다. 나름대로 사명감을 가지고 새벽을 밝히며 정성을 다해 써 보았다. 이 책이 중국 역사문화에 보다 가까이 다가가고 나아가 한중 양국 간 교류의 역사적 사실을 이해할 수 있는 길잡이로서 도움이 되기를 기대한다.

2017년 6월 중국 서안에서
이강국

CONTENTS

History & Culture of Xian 1

중국 문명의 보금자리

중국 문명의 젖줄 황하

천혜의 보금자리 관중 지역

중국 문명의 초석이 된 한자

#1
중국 문명의 젖줄 황하

고원에서 발원하여
사막을 적시며

　황하(黃河, 황허)는 중국 문명의 어머니이다. 대지에 생명을 불어 넣고 살찌우며 5천여 년 역사의 중국 문명을 낳았다. 청장(靑藏, 칭장)고원에서 발원한 황하는 졸졸 시냇물을 이루다가 차츰 큰 물줄기로 변화하여 감숙(甘肅, 깐수)성의 성도인 난주(蘭州, 란저우)에 이르면 상당히 많은 수량을 자랑하며 도도히 흐른다. 난주에 있는 「황하모친상」은 중화민족을 키우는 어머니로서 황하의 이미지를 상징한다.

황하 모친상

난주 수차

 난주 주변은 사막지대이기 때문에 예로부터 거대한 수차를 만들어 황하의 물을 퍼 올려 관개 사업을 하였다. 수차는 원래 중국의 남쪽인 운남(雲南, 윈난)성에서 발달했었는데 명나라 중기에 황하 구간에 처음으로 도입되어 난주에 맞는 수차를 설치하는 데 성공하였다. 수차는 물이 흐르는 힘으로 돌고 많은 물통이 달려 있어 자동적으로 물을 퍼올리게 되어 있다. 이로 인해 난주 황하 부근의 관개 면적은 크게 늘어났다. 지금은 사용하지 않고 황하 강변에 있는 수차 박물관에 전시되어 있다.

 민둥산으로 되어 있는 난주는 나무를 심고 끝없이 이어지는 수도관을 통해 황하의 물을 끌어 올려 물을 주며 산림녹화의 꿈을 꾸고 있다. 조림 사업은 1980년대에 호요방(胡耀邦, 후야오방) 총서기가 제시하고 1990년대에 주용기(朱鎔基, 주룽지) 총리가 서부 대개발 일환으로 예산을 대폭적으로 반영함으로써 본격적으로 시작되었다고 한다. 이제는 키를 훌쩍 넘은 나무가 곳곳에 자라고 있다. 나무가 많아짐에 따라 강수량이 늘고 있다고 하는데, 우공이산(愚公移山)처럼 추진되고 있는 조림 사업이 효과를 보고 있는 것 같다. 수십 년을 바라보고 전개되고 있는 조림 사업은 중국 정부 기관과 단체들뿐만 아니라 외국 기관, 기업체 등에서도 적극적으로 참여하고 있다.

서하 대제국의 발자취를 따라

황하는 동북쪽으로 방향을 틀어 흘러 영하회족(寧夏回族, 닝샤후이주)자치구를 돌면서 사막지대를 옥토로 만든다. '영하회족자치구'라는 이름 가운데 회족은 '이슬람교를 믿는 사람들', 즉 무슬림을 뜻한다. 둥근 지붕 위로 뾰족한 첨탑이 있는 이슬람 사원들이 곳곳에 있다. 영하회족자치구의 성도(省都)는 은천(銀川, 인촨)이며, '은빛 물'이라는 뜻이다. 이곳은 11세기에서 13세기에 걸쳐 대제국을 건설하였던 서하(西夏)의 근거지이다. 청해(淸海)성, 감숙(甘肅)성 등지에서 살고 있던 당항(党項)족이 티베트인(토번족)의 등쌀에 은천까지 밀려와 세운 국가이다. 송, 요, 금과 정립하며 국호를 '대하(大夏)'라고 했는데, 후대 사람들이 요와 금의 서쪽에 있었기에 '서하(西夏)'라고 불렀다.

서하는 한자를 모방해 서하문자를 만들고 문서는 물론 불경과 비문 등에 이르기까지 널리 사용했다. 그러나 서하는 칭기즈칸의 칼날을 피하지 못하였다. 칭기즈칸은 서하와의 전투에서 화살에 맞아 귀국하다가 사망하였는데 몽골은 이러한 이유로 무자비하게 살육하여 서하민족은 역사의 기억 속에만 남아 있게 되었다. 하란산(賀蘭山) 남쪽, 드넓은 평원에

서하 왕릉이 있다. 팔각형이나 원형으로 쌓았으며 엄청난 규모를 자랑하고 모양이 피라미드와 비슷해서 '동방의 피라미드'라 불리기도 한다.

서하 왕릉

온통 바위산인 하란산 깊숙한 계곡으로 들어가면 암각화 지대가 있으며 6천여 점의 암각화가 몰려 있다. 대략 1만~3천여 년 전에 걸쳐서 만들어졌다고 하며, 사람의 얼굴을 형상화한 것부터 고대 인류의 기원과 소망이 담긴 추상적인 모습과 사냥, 방목, 제사 등 생활상이 그려져 있다. 이것을 소재로 하여 세계 최대의 암각화 박물관이 세워졌는데 다른 나라 암각화 사진까지 곁들여져 있어 볼 만하다. 암각화 박물관 바로 옆에는

'한미림예술관(韓美林藝術館)'이 있다. 한미림(韓美林, 한메이린)은 미술, 서예, 조각, 디자인, 도자기 제작 등 다양한 영역에서 작품을 만든 거장이며 암각화는 그의 작품 형성에 많은 영향을 주었다고 한다. 북경올림픽의 로고는 한미림 작가의 작품이다.

만리장성 제1망루
진북대에 올라

황하는 내몽고 쪽으로 좀 더 깊숙이 들어가 오르도스 분지를 촉촉이 적시고, 섬서성 유림(榆林, 위린)시로 내려온다. 유림은 석탄, 석유, 천연가스, 암염(巖鹽) 등 천연자원이 풍부하여 '중국의 쿠웨이트'라고 불린다. 유림에 가면 군데군데 흙더미가 남아 있는데 만리장성의 잔해라고 한다. 이를 따라가 보면 높은 지대에 세워져 있는 진북대(鎭北臺, 쩐베이타이) 망루에 이르게 된다.

진북대(鎭北臺)는 '만리장성 제일대(萬里長城 第一臺)'라고 불리며 명나라가 재건한 산해관(山海關)에서 가욕관(嘉峪關)에 이르는 만리장성의 딱 중간에 있다. 높이 4층 규모의 웅장한 정방형 망루로 명나라 후기인 만력(萬曆) 35년(1607년)에 건설했다. 명칭 그대로 북쪽을 진압하는 누대라는 뜻인데 만리장성에서 가장 큰 봉화대라고 한다. 유림(榆林) 시내에서 약 5km 떨어진 홍산(紅山)이라는 곳에 있으며 명나라 장성 방어체계 중에서 중요한 정찰 장소 중의 하나다.

진북대 너머는 망막한 사막이다. 그런데 진북대 안쪽에는 제법 많은
수량을 자랑하는 하천이 흐른다. 그래서 유림은 예로부터 각축이 심했
던 곳이다. 농경민족이나 유목민족 모두에게 물은 귀중하다. 사막지대에
서 흐르는 하천은 젖줄이나 다름없다. 만리장성 주변이 항상 전쟁으로만
점철되지는 않았을 것이다. 평화가 깃들 때는 교역이 이루어지기도 하였
다. 만리장성 진북대 바로 옆에 남아 있는 교역 장터가 이를 증명해 주고
있다.

세계 제일의 황색 폭포 위용을 감상하며

　황하는 황토고원을 따라 남쪽으로 더 내려와 중국 혁명의 근거지였던 연안으로 접어들며 호구(壺口, 후커우) 폭포에서 장관을 이룬다. 넓게 흐르는 황하가 갑자기 좁아지는 협곡을 만나 우렁차게 쏟아지는 폭포를 만들어 낸다. 물보라가 수십 미터 높이로 솟아오르며 성난 파도가 용솟음치고 울부짖는 듯하다. 그 모양이 흡사 거대한 주전자가 끓어오르는 것과 같아 이 폭포의 이름을 '호구(壺口 : 주전자 입구) 폭포'라고 지었다고 한다.

호구 폭포

등용문과 사마천 사당

　황하는 더 남쪽으로 내려와 섬서성 한성시에 이르면 용문(龍門)이라는 좁고 깊은 협곡에 접어든다. '용문(龍門)'은 섬서(陝西)성 한성(韓城)시와 산서(山西)성 하진(河津) 사이를 지나는 진진대협곡(秦晉大峽谷)에 위치해 있다. 이곳은 강 양안에 절벽이 문처럼 마주하고 있는데 용(龍)은 이곳을 넘을 수 있다는 전설로 인해 '용문'이라고 불리고 있다. 용문은 위에서 내려다보면 황하의 목을 조이고 있는 듯하며 물살이 세고 용이 하늘로 솟아오르는 기세가 느껴진다.

　용문을 거슬러 약 4km 올라가면 '석문(石問)'이 있는데, 강폭이 매우 좁고 강 양안에는 가파른 절벽이 있으며 산과 강이 서로 어우러진 수려한 풍경을 보여주고 있다. '잉어가 용문을 뛰어넘다(鯉漁躍龍門, 이어약 용문)'라는 전설이 생긴 곳이다.

봄이 되면 산란과 부화를 위해 물고기 떼들이 황하 상류로 거슬러 올라 간다. 그러나 워낙 물살이 세어 웬만한 큰 물고기도 여간해서 급류를 거 슬러 올라갈 수가 없다. 그래서 일단 물고기가 이러한 난관을 뚫고 오르 면 용(龍)으로 된다는 전설이 생겼다. '용문에 오른다'는 것은 극한의 난 관을 돌파하고 약진의 기회를 얻는다는 말인데, 중국에서는 과거 시험에 합격하는 것이 입신출세의 제일이라는 뜻으로 '등용문(登龍門)'이라 했 다.

용문을 내려오면 황하는 넓은 강폭을 누리면서 섬서성 한성시 곁을 유 유히 흐른다. 서안에서 동북쪽으로 세 시간 정도 고속도로를 달리면 한성 시에 도착할 수 있다. 한성(韓城, 한청)은 한국(韓國)의 '한(韓)'자가 서 로 같아 한국인에게 친근하게 느껴지는데, 역사의 성인이라고 불리는 사 성(史聖) 사마천(司馬遷)의 고향이다. 황하가 바로 내다보이는 야산인 배산임수의 명당에 사마천 사당이 자리하고 있다. 사마천 사당 주변 길은 수천 년 동안 수많은 사람들, 특히 병사들이 달려오고 갔던 곳으로서 역 사성을 물씬 풍긴다. 사마천 묘에는 1,700여 년이 된 고목이 지키고 있다.

사마천 묘

　사마천은 정치적인 이유로 궁형(宮刑)을 당하는 아픔 속에서 역사의 고전이라고 할 수 있는 『사기(史記)』를 저술하였다. 사마천은 흉노 정벌을 하다가 중과부적으로 보급과 지원이 끊겨 고립무원의 처지에서 사로잡힌 이릉(李陵) 장군을 변호하다가 한 무제(武帝)의 노여움을 사서 궁형(宮刑)을 받았다. 이때는 실크로드를 개척한 한 무제의 집정 시기이다.

　사마천 사당 앞 광장에는 『사기』에 기술된 내용들이 거대한 부조를 통해 형상화되어 있다. 『사기』는 역사 편찬의 한 방식으로 중국의 정사(正史)를 서술하는 기본 체제인 기전체(紀傳體)의 효시가 되었다. 역사 사실을 본기(本紀, 왕조) · 세가(世家, 제후) · 지(志, 관직, 재정, 지리, 제도 등) · 열전(列傳, 인물) · 표(表, 연표) 등으로 구분하여 기술하며, 가장 중요한 본기와 열전의 이름을 따서 기전체라고 한다.

23

낙양 벌판으로

　황하는 한성시 남단으로 더 내려가 위남(渭南, 웨난)시 남쪽 끝에서 갑자기 동쪽으로 방향을 틀어 흐르며 삼문협(三門峽)이라는 험난한 곳을 휘돌아 간다. 전설에 의하면 '하(夏)나라' 시조인 '우(禹)'가 황하를 가로막고 있던 높은 산을 도끼로 깨서 인문(人門), 신문(神門), 귀문(鬼門) 세 개의 협곡을 만들어 물을 동쪽으로 흐르게 했고 그로부터 이곳이 삼문협(三門峽)으로 불리게 되었다고 한다.

　삼문협은 워낙 물살이 세어 많은 배가 이곳을 지나다가 좌초했다고 한다. 지금의 서안인 장안에 100만 인구의 수도를 두고 있던 당나라로서는 황하를 통해 많은 물자를 공급받을 수밖에 없었으나 삼문협을 통과할 때 유실이 심하여 급기야 잠시 낙양(洛陽, 뤄양)으로 천도하기도 하였다.

　낙양은 많은 왕조가 있어 유적이 많을 것으로 생각되나, 확 트인 평지에 도시가 조성되어 방어가 용이하지 않아 불타거나 유실되어 남아 있는 것이 많지 않다. 중국의 3대 석굴로 꼽히는 용문(龍門, 롱먼) 석굴과 관우의 묘인 관림(關林) 그리고 소림사(少林寺) 등이 유명하다. 황하는 넓은 낙양 벌판을 적신 후에 정주(鄭州, 정저우), 개봉(開封, 카이펑), 제남(濟南, 지난) 등을 거쳐 흐르면서 중국 중원 문명의 젖줄이 되었다.

용문 석굴

한화(漢化) 정책을 강력히 추진한 북위(北魏) 효문제(孝文帝)는 국도를 대동(大同, 따통)에서 낙양(洛陽)으로 천도한 후 용문 석굴을 만들기 시작했다. 그 후 동위(東魏), 서위(西魏), 북제(北齊), 북주(北周), 수(隋), 당(唐)에 이르기까지 4세기에 걸쳐 이루어졌다.

낙양 교외에 있는 이하(伊河, 이허)를 마주보고 있는 용문산(龍門山)과 향산(香山)의 암벽에 1,352개의 석굴이 1km 이상 뻗어 있고 그 속에 비문, 불탑, 불상이 즐비하여 대형 석각 예술 박물관이라고도 칭해진다.

용문 석굴은 주로 북위 시기 효문제와 당나라 측천무후 시기에 많이 만들어졌다. 그중 규모가 가장 크고, 유명한 석굴은 당대 측천무후 시기에 만들어진 봉선사(奉先寺)의 중심에 자리한 노사나대불(盧舍那大佛)이다. 불상이 아닌 미인상이라고 할 만큼 아름다운 자태를 하고 있으며, 석굴의 폭은 35m, 불상의 높이는 17.4m, 불상 귀의 길이만 1.9m가 된다고 한다.

용문석굴 노사나대불

#2
천혜의 보금자리 관중지역

고대 왕조의 근거지
관중평야

관중의 유래

섬서(陝西)는 하남성 섬현(陝縣)의 서쪽이라는 의미이며, 섬(陝)자는 '언덕과 언덕 사이에 끼어 있는 골짜기'라는 뜻이다. 관중(關中)은 섬서(陝西)성의 위수(渭水) 유역 일대를 지칭하는 말이다. 남북 150㎞, 동서 300㎞의 분지인 관중평원은 마치 옆으로 누운 웅덩이 모양을 하고 있으며 위수(渭水)가 동서로 가로 질러 흐른다.

관중 지역

관중은 삼면이 전부 산이고 북쪽은 황토 고원이 가로막고 있다. 동으로는 함곡관(函谷關), 남으로는 무관(武關), 서쪽은 대산관(大散關), 북쪽은 소관(蕭關), 이렇게 네 개의 관문 안에 있다. 네 개의 관문 사이에 위치하고 있는 지역이라는 의미에서 사관지중(四關之中)이라고 하며 약칭하여 관중(關中)이라고 한다. 관중의 중심 도시인 서안을 방비가 아주 견고한 성이라는 뜻의 금성탕지(金城湯池)로 부르는 것도 이 때문이다.

역사서에도 자주 등장하는 관중은 함곡관(函谷關) 서쪽의 땅으로 전국시대 말기 진(秦)나라의 옛 땅을 의미하기도 한다. 넓은 관중평야와 풍부한 노동력 그리고 촉으로 통하는 길과 광활한 미개발 지역이 있는 곳이었기에 진(秦)이 통일을 하는 밑거름이 되었다. 주(周)나라부터 당나라까지 "관중을 차지한 자가 중국 대륙을 지배한다."라는 말이 통용됐다.

한 고조(高組) 유방(劉邦)은 항우(項羽)에 승리한 후에 주(周) 왕실의 융성을 이어받고 싶었고 대부분 군신들이 낙양을 수도로 정해야 한다고 주장했기 때문에 낙양을 수도로 삼을 생각이었다. 그러나 개국공신 장량(張良)이 "낙양이 장점도 많고 교통이 편리하긴 하지만 사방에서 적의 공격을 받기 쉽고 피난처가 없으나, 관중은 기름진 평야가 천 리에 걸쳐 있고 인구가 많고 물자도 풍부하며 사면이 둘러싸여 병목처럼 좁게 트인 동쪽으로는 적은 병력으로도 백만 대군을 견제할 수 있으니 이곳이야말로 천하 요새다."라는 주청을 하자 이를 받아들여 관중 안에 있는 서안을 수도로 결정하였다고 한다.

밀을 주식으로

관중평야는 특히 밀이 많이 나는 곳이다. 서안 사람들은 하루에 최소

한 번은 국수를 먹는다고 한다. 한국인이 며칠 동안 김치를 먹지 않으면 안 되듯 서안 사람들에게는 국수를 하루라도 먹지 않으면 불편을 느낀다고 한다. 넓이가 혁대만큼 넓고 글자 획수가 57획에 달하는 '삐양삐양면'이라는 국수는 서안의 명물로 유명하다.

'삐양삐양면'의 삐양 글자

　섬서성 출신으로『붉은 수수밭(紅高粱)』등 주옥 같은 작품을 만든 장예모(張藝謀, 장이머우) 영화감독은 고향 음식인 '양러우파오모(羊肉泡饃)'와 '러우자모(肉夾饃)'에 대한 자부심을 보인 적이 있다. '러우자모'는 세계 최초의 햄버거라고 불리는 섬서성 전통 음식이며, 밀가루 반죽 사이에 다진 고기를 넣은 음식으로 진(秦)나라 시대 때부터 먹기 시작했다고 한다.

　'양러우파오모'는 굳은 밀가루 덩어리를 잘게 뜯어서 양고기 편육과 함께 양탕에 넣어 먹는 음식이다. 제대로 된 '양러우파오모'를 맛보려면 밀가루 덩어리를 잘게 뜯어야 한다. 알갱이가 작을수록 국물이 잘 스며들어 맛이 좋기 때문이다. 손님이 직접 모(굳은 밀가루 덩어리)를 뜯는 재미가 있다.

　음식 습관이 군사적인 측면에서도 중요하게 작용한 적이 있다. 항우가 진나라를 멸망시키고 패권을 장악한 후에 고향인 초나라 땅으로 되돌아가려고 할 때 어느 서생이 관중을 포기하지 말라고 간했으나 항우는 이를 듣지 않고 고향 지역으로 돌아가 천하 요지 관중을 포기하여 훗날 유방에게 패배하게 되었다. 여기에는 항우가 거느리고 있던 장졸 대부분이 쌀을 주식으로 하는 동쪽 출신이라 음식 습관이 맞지 않아 관중에 남기를 원하지 않았기 때문이라는 이야기가 있다.

금의야행

　　항우가 진나라에서 약탈한 재물과 미녀를 거두어 고향으로 돌아가려 할 때 한생(韓生)이란 자가 "관중은 사방이 험한 산과 물로 막혀 있고 땅이 기름지니 버리지 말고 도읍으로 정하여 천하의 패권을 잡고 제후들을 호령해야 합니다."라고 간했다.

　　그러나 항우의 눈에 비친 함양은 마구 파괴된 황량한 초토일 뿐이었다. 빨리 고향으로 돌아가 자기의 성공을 과시하고 싶었다. 그래서 "사람이 저마다 공업(功業)을 이루려고 애쓰는 것은 고향 사람들에게 자랑을 삼기 위함이다. 부귀해진 뒤에 고향에 돌아가지 아니하는 것은 비단옷을 입고 밤길을 가는 것(錦衣夜行)과 같으니, 누가 그 부귀함을 알아주겠는가."라고 하면서 물리쳤다.

　　한생은 항우의 면전에서 물러나자 "초나라 사람들은 원숭이로서 겨우 관(冠)을 썼을 뿐이라는 말이 있는데 이는 틀림없는 말이다."라고 말했다. 이 말이 항우의 귀에 들어가 한생은 목숨을 잃게 된다. 항우는 한때의 성공에 취하여 부귀를 고향에 과시하려다 얼마 안 가서 천하를 유방에게 빼앗겼다.

　　여기서 금의야행(錦衣夜行)이라는 사자성어가 나왔다. 이것은 남이 알아주지 않는 보람도 없는 일을 한다는 뜻으로 벼슬을 하거나 크게 성공하여 고향에 돌아옴을 비유적으로 이르는 말인 금의환향(錦衣還鄉)과 반대되는 말이다.

경위분명

서안 주변은 건조한 기후인 관계로 대추, 호두, 감, 포도, 사과, 석류 등 과일이 많이 나고 맛이 좋다. 그래서 봄에는 형형색색의 과일 꽃들이 서로 아름다움을 자랑하면서 수놓는다. 그러나 건조하다고 해서 물이 부족한 곳은 결코 아니다. 과거에는 관중 평야를 가로지르는 위수(渭水) 등 8개 하천의 수량이 풍부하여 관개에 문제가 없었다. 위수는 '경위분명(涇渭分明)'이라는 사자성어의 원천이 되는 강이다. 맑은 경수(涇水)와 탁한 위수가 만나는 곳에서 보면 양쪽의 맑고 탁한 강물의 색깔이 분명하게 달랐기 때문이다.

옛날에는 위수(渭水)에도 큰 배가 다녔다고 한다. 춘추전국 시대 진(晉)의 왕자인 중이(重耳)가

위수와 경수가 만나는 곳(왼쪽이 위수, 오른쪽이 경수)

19년 동안 여러 나라를 떠돌면서 망명 생활을 하다가 60세가 넘어 조국으로 진격할 때 진(秦) 목공은 위수를 통해 군사와 물자를 실어 날라 이제 막 사위가 된 중이를 지원하였다. 중이는 결국 왕위에 올라 진(晉) 문공(文公)이 되며, 춘추 5패의 한 사람으로서 이름을 떨치게 된다.

세월이 흘러 위수의 수량이 줄어들어 이제는 배가 다니기 어렵고 물이 부족한 상황이 되었지만 대안으로 진령(秦嶺)산맥에 거대한 흑하(黑河)라는 저수지를 만들어 공업용수와 생활용수를 공급하고 있다. 삼성전자

가 반도체 공장 입지를 선정할 때 흑하 저수지를 보고서 서안에서 물 문제는 절대 없을 것이라고 안심하면서 공장 건설을 결정하였다고 한다.

흑하 저수지

분수령을 이루는 진령산맥

분수령의 유래

서안 중심지에서 자동차로 한 시간 정도 달리다 보면 진령산맥에 이른다. 고대 진(秦)나라의 땅이었기에 진령(秦嶺)이라고 부른다. 동서 길이는 약 1,500km이고, 남북 길이 약 100~150km이며, 해발고도는 1,500~2,500m이다. 중국 중부를 동서로 관통하는 산맥으로 위수(渭水)과 한수(漢水) 유역, 그리고 황하 수계와 장강(長江) 수계의 분수령을 이룬다. 이처럼 분수령(分水嶺)은 중국 중앙부를 남북으로 가르는 진령(秦嶺) 산맥을 기점으로 황하와 장강(長江) 원천이 갈린다는 데서 시작된 말이다. 태백산에는 분수령이라는 비석이 세워져 있어 많은 사람의 이목을 사로잡고 있다.

　태백산(太白山 : 3,767m)은 진령산맥의 최고봉으로, 당나라 시인 이백(李白)이 자주 올랐다고 하는데 웅장함 그 자체다. 기이하고 수려하기로 중국 내에서 손꼽히는 산으로 원시 산림 지역의 장엄한 풍광을 보여준다. 산 위에는 여름이 시작되는 시점에도 눈이 쌓여 있고 반면에 산 아래쪽에는 따뜻한 날씨를 보이며 하루에도 여러 번의 날씨 변화가 있는 곳이다.

　소형 버스로 케이블카가 있는 곳까지 빠르게 이동하고 대부분 케이블카를 타기 때문에 당일 코스로 백두산보다 훨씬 높은 태백산의 절경과 위용을 감상할 수 있다.

케이블카에서 보는 태백산 위용

태백산에는 잔도(棧道)의 잔해가 남아 있다. 잔도는 다니기 힘든 험한 벼랑 같은 곳에 선반을 매듯이 하여 만든 길로서 절벽에 구멍을 뚫고 그 구멍에 지지대를 가로 박은 다음에 지지대 위를 덮어서 낸 도로이다. 잔도 길의 험난함을 이백은 「촉도난(蜀道难)」 시에서 "높고도 험하여라. 촉으로 가는 길은 하늘에 오르기보다 어렵구나(危乎高哉 蜀道之難, 難於上青天), 황학(黃鶴)의 날개로는 아직도 넘어갈 수 없고, 원노(원숭이)도 넘으려면 타고 오르는 것을 걱정한다."라고 묘사했다.

태백산 길목에는 포사도(褒斜道)라는 길이 있다. 포사도는 유방이 한중 지역으로 쫓겨 들어오며 중원 도모에 대한 항우의 의심을 없애기 위해 스스로 불살라버렸던 잔도인 동시에 한신이 중원으로 군대를 진출시키기 위해 수리하는 척한 바로 그 잔도였다. 한신은 낮에 포사도를 수리하는 척하며 더 외지고 험한 진창 고도를 통해 몰래 우회하여 서쪽 관문인 대산관(大散關)을 뚫고 진나라 항장이었던 장한(章邯), 사마흔(司馬欣), 동예(董翳) 등 삼진(三秦) 장군이 지키고 있던 관중을 공략하여 항우를 제압하는 근거지를 확보한다. "밝을 때 잔도를 수리하는 척하며 어두울 때 진창으로 간다(明修棧道 暗渡陳倉, 명수잔도 암도진창)."라는 말이 여기서 나왔다.

포사도는 안록산의 난 때 현종이 피난하여 촉(蜀) 지역으로 몽진갈 때에도 이용한 길이다. 현종 일행을 묘사한 「명황행촉도(明皇幸蜀圖)」라는 유명한 그림이 있다. 현재 대만 고궁박물관에 소장되어 있다.

자세히 보면 왼쪽 상단에 험난한 잔도까지 그려져 있지만 피난 행렬이라고는 생각되지 않을 만큼 탐미적인 필치로 각색된 아름다운 산수 속을 마치 신화의 세계를 향해 여행을 떠나듯 묘사했다. 활발하고 화려한 황제의 품위 있는 행렬은 당 왕조의 번영과 자신감을 상징하는 듯하다.

삼국지에 나오는 자오곡

진령산맥을 넘어 관중 지역으로 오기 위해서는 깊은 계곡을 통해서 나오거나 우회하는 방법이 있다. 진령산맥에는 72개의 계곡이 있으며 역사적으로 유명한 계곡 중 하나가 자오곡(子午谷)이다.

제갈량(諸葛亮)이 한중(漢中)에서 나와 위나라를 공략하려고 할 때 위연(魏延)이 진령산맥을 가로지르는 자오곡(子午谷)을 통해 별동대를 파견하여 기습하자고 주장하였다. 제갈량은 너무 위험한 작전이라 생각하

여 무시하고 천수(天水, 티엔수이) 지방으로 나와 기산(祁山) 전투 등 수많은 전투를 치렀으나 결국 위군에 막히게 된다. 최후에는 한중에서 곧바로 나와 잔도를 건설하여 진령산맥을 넘어와 오장원(五丈原) 진지를 구축하였으나 전장에서 병사함으로써 한실 부흥이라는 기치를 걸고 감행한 위나라 정벌은 실패하고 만다.

자오곡 고도 표지석

종교의 성지 종남산

종남산은 서안 남쪽에 펼쳐지며, 중국 중앙부를 남북으로 가르는 진령산맥 중앙에 위치한다. 진령산맥이 관중(關中)에서 멈춰 섰다고 종남산(終南山)이라 한다. 첩첩이 이어진 산봉우리와 빼어난 경치로 인한 명승지로서 '천하제일복지(天下第一福地)'로 칭송되었다.

종남산 정상

종남산은 극히 종교적인 산이다. 수많은 고승, 신선, 은거자를 불러들였다. 종남산을 남산으로 부르기도 하는데, 신라인들이 경주 남산을 신앙의 대상으로 여겼듯이 장안 사람들도 종남산을 우러러보며 살았다고 한다. 중국의 8대 불교 종파 중 6개 종파(삼론종, 화엄종, 법상종, 율종, 정토종, 밀종)가 서안에서 생겼고, 종남산은 4대 종파(삼론종, 화엄종, 율종, 정토종)의 조정(祖庭)이 있는 곳이다.

또한, 종남산은 도교가 탄생한 곳으로서 "선계(仙界)의 신선 열 가운데 여덟은 종남산에서 등선한다."라는 말이 있을 정도로 '신선의 도읍인 선도(仙都)'로 불렸다. 천하를 주유한 도교 수행자들이 깊은 공부를 하려고 찾는 종착지 같은 곳이다. 종남산에는 도교의 시조인 노자(老子)가 도를 닦고 『도덕경(道德經)』을 강술한 곳으로서 중국 최초의 도관이라는 '누관대(樓觀臺)'가 있다. 이곳에는 당 고조 이연이 노자에 제사를 지낸 곳으로 유명한 '종성관(宗聖官)'이 있다. 종리권(鍾離權), 여동빈(呂洞賓), 유해섬(劉海蟾)을 비롯한 전설적인 신선들도 종남산에서 수도했다고 전한다. 지금은 종남산 자락의 누관대 부근에 거대한 도교 종합 단지가 조성되어 방문자들이 쉽게 접근할 수 있다.

서안 도교단지

기이하고 험한 화산

화산의 유래

화산(華山)은 서안에서 동쪽으로 약 120km 떨어진 섬서성 위남(渭南, 웨이난) 화음(華陰)시에 위치한다. 산세가 험준하여 하늘 아래 가장 가파른 산이라는 뜻의 '기험 천하 제일산(奇險天下第一山)'이라 불릴 정도로 웅장하고 험준한 산들이 장관을 이룬다. 화산(花山) 혹은 태화산(太華山)으로 불리다가 한무제가 화산(華山)으로 이름을 바꾼 이후 오늘에 이르고 있다. 화산의 '화(華)'는 꽃을 상징한다. 실제로 꽃이 많아서

'화(華)'를 표현한 것이 아니라 우뚝 솟은 바위들이 마치 꽃과 같아서 그렇게 나타냈다.

험한 바위봉들이 꽃의 형상을 이루고 있는 것이 화산의 가장 큰 특징이다. 풍수학자들은 화산의 산 전체가 화강암으로 이루어진 통바위산으로 강력한 기(氣)가 흘러나와 남성적 강인함을 느끼게 한다고 말한다. 중국을 상징하는 '화(華)'의 개념이 화산의 이름에서 비롯되었다고 하며 화산을 '화하(華夏)'의 뿌리라고 일컫는다.

장공잔도

화산은 조양봉(동봉 2,096m), 낙안봉(남봉 2,154m), 연화봉(서봉 2,082m), 운대봉(북봉 1,614m), 옥녀봉(중봉 2,037m) 등 봉우리가 하늘을 찌를 듯 우뚝우뚝 솟아 있다. 동봉이 조양봉으로 불리는 것은 수려한 경관과 함께 시야가 탁 트여 일출을 감상하기에 안성맞춤인 조양대(朝陽臺)가 동봉 정상 높은 곳에 위치하는 데서 유래한다.

남봉은 화산에서 가장 높아 '화산의 정상'이라 불린다. 지금은 돌계단을 만들어 놓아서 등반하기에 좋아졌지만, 너무 험하여 오르기를 권하지 않는 곳이었다. 위에는 깎아지른 듯한 칼날 능선이 숨을 멈추게 하고, 아래는 천 길 낭떠러지이다. 그래서 기러기도 쉬어 간다고 하여 낙안봉(落雁峰)이라고도 한다. 남봉으로 올라가는 도중에 장공잔도(長空棧道)라는 매우 아찔한 구간이 있다. 수직으로 된 천 길 낭떠러지 절벽에 바위를 파서 만든 홈과 허접한 나무판으로 이루어진 구간이다. 등반의 스릴을 만끽하기 위해 장공잔도를 오르는 사람들이 있다.

화산에 오를 때는 두 가지를 버려야 한다. 만용과 함부로 발아래를 내려다보는 보는 것이다. 만용을 부리면서 빠르게 오르다 보면 도중에 지쳐서 더 오르기 어렵고, 아래를 내려다보면 아찔하여 더 이상 나아갈 수 없기 때문이다. 또 하나 버려야 할 것으로 추가해야 할 것은 과욕이다.

화산에서 과욕을 부려 위험한 코스를 등반하는 것은 생명의 위험을 초래할 수 있기 때문이다. 과유불급(過猶不及)이란 말을 명심해야 한다.

서봉은 산 정상에 큰 바위의 모양이 연꽃잎 모양과 비슷하여 연화봉(蓮花峰)이라고 부르기도 한다. 북봉은 사방 절벽으로 홀로 우뚝 솟은 모습이 마치 구름 위로 솟아 있는 것 같아 운대봉(雲臺峰)이라고 한다. 중봉은 진 목공(穆公)의 딸 농옥(弄玉)이 수양하던 옥녀사(玉女寺)라는 사당이 있다고 하여 옥녀봉이라고 부른다.

스릴 넘치는 케이블카

기암괴석과 아찔한 절벽을 따라 위험천만한 하이킹 코스를 즐기기도 하지만, 지금은 두 곳에 케이블카가 설치되어 있어서 수많은 관광객을

화강암 바위 속으로 들어가는 케이블카

서봉 정상으로 오르는 인파

끌어들이고 있다. 급증하는 관광객들의 수요에 맞추기 위해 추가로 케이블카를 건설할 예정이라고 한다. 서봉 케이블카는 정상적으로 건설하면 오르내리는 케이블카의 각도가 너무 급하여 위험하기 때문에 부득이 산 정상의 화강암 암석을 뚫어 종착지를 만들었다. 케이블카는 높은 산악지대인 알프스산맥에서 노하우를 쌓은 프랑스 회사가 건설하였다고 하며 스릴을 만끽할 수 있다.

케이블카에서 내리면 봉우리 정상으로 안전하게 올라갈 수 있도록 돌계단을 만들어 놓았다. 돌계단 양쪽에 설치되어 있는 줄에는 자물쇠가 주렁주렁 매달려 있는데 가족, 친구 등의 안녕을 기원하기 위해서라고 한다. 산 정상에서 밑으로 바라보이는 풍경은 현실이 아니라 천상세계에 와 있는 듯한 감탄을 자아낸다. 옛날 황제들과 수많은 문인이 왜 화산을 찾았는지 이해하고도 남음이 있다.

중국 오악의 하나

화산(華山)은 중국 5악(岳)의 하나이며 서쪽에 있다하여 서악이라고 한다. 5악은 중국의 오대 명산을 부르는 말이다. '오악'이란 명칭은 한 무제 때 생겨났다고 하며, '다섯 개의 큰 산'이란 뜻이다. 고대의 제왕들은 5악을 여러 신들이 거주하고 있는 곳이라 믿고, 제사를 지내는 등의 성대한 의식을 거행했다. 그런데 관광객으로 넘쳐나는 황산(黃山)은 5악에 속하지 않는다. 5악은 주로 중원에 자리 잡고 있어서 고대 황제들이 찾을 수 있었으나, 황산은 고대 왕조와 멀리 떨어진 안휘(安徽)성 남쪽에 자리 잡고 있어서 아마도 5악의 개념이 만들어진 한나라 무제 때는 잘 알려지지 않았기 때문일 것이다.

중국의 5악

5악은 산동성(山東省)에 있는 동악 태산(泰山), 호남성(湖南省)에 있는 남악 형산(衡山), 섬서성(陝西省)에 있는 서악 화산(華山), 산서성(山西省)에 있는 북악 항산(恒山), 하남성(河南省)에 있는 중악 숭산(嵩山)이다. 오악의 경관을 태산웅(泰山雄, 태산은 웅장하고), 형산수(衡山秀, 형산은 수려하고), 화산험(華山險, 화산은 험준하고), 항산기(恒山奇, 항산은 기묘하고), 숭산오(嵩山奧, 숭산은 오묘하다)라고 평가된다.

옛날부터 5악 중 으뜸가는 산으로 태산이 가장 숭상되어, 봉선(封禪)을 하게 되면 천자는 태산으로 행차한다. 봉(封)이라 함은 산꼭대기에서 하늘에 제사를 지내는 것을 말하며, 선(禪)이라 함은 산기슭에서 땅에 제사를 지내는 것을 일컫는다. 태산이 왕중왕이 된 것은 바로 끝없는 평원에 사발을 엎어 놓은 것처럼 갑자기 불룩 솟아오른 태산에서 직감적으로 느끼는 감각이 작용하고, 성인으로 숭상되는 공자의 고향이 태산 바로 아래인 곡부(曲阜)에 있는 것도 영향을 주었을 것으로 본다.

도교 수련장

하나의 거대한 화강암 바위가 산 전체를 이루고 있어 기(氣)가 강한 화산은 속세를 벗어나 무술을 연마하고자 하는 사람들이 오르던 산으로도 유명하다. 화산은 오랜 옛적부터 신선의 산으로 숭배되었고, 도교가 성립된 뒤에 수많은 도사가 이곳에서 수련을 했다고 한다. 진시황, 한무제 등 황제들이 도교 사원에 참배하면서 도교의 성지로 여겨졌다. 화산은 이른바 '화산파'의 본산으로 옥천원(玉泉院), 진무궁(眞武宮), 금천궁(金天宮) 등 수십 개의 도관이 있었다.

전해 오는 화산과 관련된 도교의 신화와 전설만 해도 200여 편이 된다고 한다. 거령벽산(巨靈劈山, 거대한 산신령이 산을 쪼개다), 벽산구모(劈山救母, 산을 쪼개 모친을 구하다), 취소인봉(吹簫引鳳, 퉁소를 불러 봉황을 불러오다) 등이 대표적이다. 화산 서봉(西峰) 정상에는 두 조각의 기다란 형태로 쪼개진 바위 부벽석(斧劈石)이 있는데 '침향(沉香)'이 산을 갈라 어머니를 구했다는 벽산구모(劈山救母)라는 전설이 전해지고 있다.

화산 부벽석

옥황상제의 딸 삼성모(三聖母)는 인간 세상의 선비 유향(劉響)과의 사이에서 아들 침향을 낳았는데, 신과 사람이 결합하는 것은 하늘의 법을 어긴 것이라, 결국 삼성모는 화산 아래에 갇히고 만다. 화산에서 모친을 찾던 아들 침향은 신선을 만나 무예를 익히고, 선화부(宣花斧)라는 도끼를 얻어 화산의 바위를 쪼개고 모친을 구했다고 한다. 침향이 쪼갠 바위가 바로 부벽석(斧劈石)인데, 도끼로 돌을 쪼갰다는 뜻이다.

난공불락의 요새 함곡관

동쪽의 관문

함곡관

함곡관(函谷關)은 지금의 하남성 영보(靈寶, 링바오)시에 있다. 낙양(洛陽) 서쪽에 있으며 역사적으로 유명한 천혜의 요새로서 계곡 가운데에 위치해 움푹 파인 깊고 험한 형상을 하고 있다. 전국시대 진(秦) 효공(孝公) 때 세워진 것으로 '관재곡중 탐험여함(關在谷中 深險如函)'에서 얻어진 지명이며, 진(秦)에서 산동(山東) 6국으로 통하던 관문이다.

함곡관은 산으로 둘러싸인 협곡에 세워져 있어 험하기로 유명하여 '천하제일험관(天下第一險關)'이라 불렸다. "한 명이 지키면 만 명도 통과

좁고 깊은 함곡관 길

하지 못한다."라는 말이 생겼는데 함곡관만 막으면 난공불락(難攻不落)이 되는 것이다. 유방이 항우군을 막고 전진기지로 사용했던 요새이기도 한 곳인데, 유방은 항우와의 전쟁에서 전세가 유리하면 함곡관을 나가고 불리하면 일단 함곡관으로 피했다가 재차 병력을 모은 뒤 동쪽으로 나아가는 전략을 구사하여 결국 승리하게 된다.

중일전쟁이 벌어지고 있던 1944년 5월 말에서 6월 초에 걸쳐 일본군은 함곡관을 돌파하기 위해 대대적인 공세를 가했으나 중국군의 강력한 저항에 막혔다. 당시 양측은 수십만 명의 병사를 동원하고 화력을 집중시켜 일진일퇴의 공방전을 벌였으나 결국 일본군은 함곡관 공략에 실패한다. 이로써 중국 서북부 지역이 일본군에 점령되는 것을 막았다고 한다.

또 다른 요새 동관

함곡관이 함락되었을 경우를 대비하듯이 또 하나의 성채를 구축해 놓았는데 이것이 바로 동관(潼關)이다. 지리적으로는 섬서성 - 산서성 - 하남성 경계의 교차점에 위치하며, 역사적으로는 중원과 관중의 세력이 상대방 지역으로 밀고 들어갈 때 반드시 장악해야만 하는 지역이다. 동관

동관 유적지

한쪽은 높은 산으로 막혀 있고 한쪽에는 황하가 흐르고 있어 관문의 정면 공격 외에는 별다른 방법이 없다고 일컬어졌던 요새다. 관중으로 진격하기 위해서는 반드시 차지해야 할 난공불락의 지역이 바로 동관인 것이다.

안록산은 황제 곁의 간신들을 제거한다는 기치를 내세우며 파죽지세로 20만 대군을 휘몰아 낙양을 점령한다. 이때 당나라는 서역 정벌로 이름을 떨친 고선지를 부원수(副元帥)로 임명하여 반군을 격퇴하게 하였으나, 고선지는 안록산 대군을 감당할 수 없다고 판단하여 군대를 하남성 섬현(陝縣)에서 동관(潼關)으로 이동시켜 전열을 정비하였다. 하지만 임의로 주둔지를 떠나 군을 이동시켰다고 모함을 받아 진중에서 참형되었다. 그 뒤를 이어 부원수가 된 가서한(哥舒翰)이 동관 방어에 실패해 함락되자 현종은 결국 사천 지방으로 피신하게 된다.

계명구도 사자성어 유래

함곡관은 바로 계명구도(鷄鳴狗盜)라는 유명한 고사성어가 생긴 곳이다. 계명구도(鷄鳴狗盜)는 '닭처럼 울고 개처럼 들어가 좀도둑질을 한다'는 의미로 "아무리 미천한 사람도 재주가 있으면 때로는 요긴하게 쓰일 수 있다."라는 뜻이다.

전국 시대 때 왕과 귀족들은 인재의 초청에 열성을 다했고 특히 제나라 맹상군(孟嘗君)은 식객을 우대한 것으로 유명하다. 설사 범죄자라 할지라도 재주가 뛰어나기만 하면 받아들이니 빈객이 3,000을 헤아렸다고 한다. 맹상군이 진(秦)나라에 가게 되었는데, 진의 소왕(昭王)은 그를 보자마자 자국의 재상으로 삼으려고 하였고, 신하들은 맹상군은 제나라를 위해 일할 위험성이 있다고 극구 반대했다. 그래서 진 소왕은 먹자니 뜨겁고 버리자니 아까운 계륵(鷄肋) 같은 맹상군을 감옥에 붙잡아 둔다.

이때 진나라에 같이 따라간 재주꾼들이 맹상군 구출 작전에 돌입한다. 먼저 진나라 소왕이 애지중지 총애하는 총희에게 선물 공세를 하여 구출하려고 하는데, 소왕의 총희가 호백구(狐白裘, 여우의 겨드랑이 흰털로 만든 고급 가죽옷)를 요구한다. 그러나 맹상군이 이미 진나라 소왕(昭王)에게 호백구를 선물한 상황이었고 소왕은 그것을 창고에 넣어 두었다. 이때 도둑질 잘하는 맹상군의 식객이 개처럼 소왕의 보물창고로 들어가 호백구를 몰래 가지고 나와 소왕의 총희에게 뇌물로 주고 맹상군은 풀려나온다.

맹상군이 가까스로 왕궁을 탈출해 한밤중에 국경까지 이르게 되었으나, 함곡관의 굳게 닫힌 관문에 부닥치고 뒤에서는 추격대가 턱밑까지 쫓아오는 진퇴양난에 처한다. 이때 맹상군의 식객 한 사람이 나서 "꼬끼오! 꼬끼오!" 닭 소리를 외치니 주변의 닭들이 일제히 호응하여 울음을 터뜨린다. 그 소리에 관문을 지키는 병사는 새벽인 줄 알고 문을 열어 맹상군 일행이 무사히 탈출했다는 이야기다.

노자의 도덕경 전래

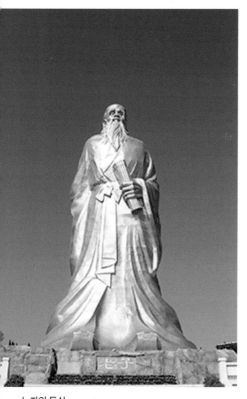

노자의 동상

주나라 소왕(昭王) 23년, 왕실 사서관으로 있던 노자는 주나라 왕실이 쇠망할 것을 미리 알고 낙양을 떠나 함곡관을 지나고 있었는데, 관문지기 윤희(尹喜)가 노자에게 "노형께서 장차 세상을 은둔하려 하시니 저에게 몇 자 글을 남겨 주시지 않겠습니까?"라고 부탁하니, 도(道)와 덕(德)에 관한 뜻이 담긴 오천 자를 남겨 주었다. 이것이 『도덕경(道德經)』의 유래라고 한다. 노자는 그 책을 윤희에게 전해 준 후 함곡관을 넘어 어디론가 떠나 버렸다. 『도덕경』은 이렇게 전해지게 되고 노자 자신은 훗날 도교에서 최고의 신으로 받들어지게 되었다. 현재 함곡관에는 거대한 노자 동상이 세워져 있다.

노자의 가르침 상선약수

　노자는 "최고의 선은 물과 같다"라는 뜻의 '상선약수(上善若水)'의 지혜를 말했는데 현대인들에게도 많은 시사점을 던져주고 있다.

　첫째, 물에게서 유연함을 읽을 수 있다. 물은 어떤 곳에 들어가든 그곳에 맞게 자신의 모습을 적응한다.

　둘째, 물에게서 겸손함을 읽을 수 있다. 물은 높은 곳을 피하고 아래로 흐른다. 세상에 모든 만물이 물 없이 존재할 수 있는 것이 없기 때문에 물의 능력이나 공덕으로 보면 자신을 뽐낼 만도 하다. 그러나 물은 자신의 공을 과시하거나 자랑하지 않고, 오히려 자신의 공을 감추고 낮은 곳으로 임하기에 결국 큰 강이 되고 바다가 되어 천하를 감싸는 진정한 승자가 된다.

　셋째, 물에게서 상황을 정확히 판단하고 때를 기다리는 침착함을 배울 수 있다. 물은 흐르다 웅덩이에 갇히면 잠시 쉬되 경거망동하여 억지로 그 웅덩이를 벗어나려고 하지 않는다. 역량이 충분히 갖추어져 그 웅덩이를 벗어날 힘이 생겼을 때 비로소 자연스럽게 자신의 갈 길을 떠나며 흐른다.

　넷째, 물에게서 우회의 아름다움을 읽을 수 있다. 물은 흐르다 앞에 바위가 있으면 그저 그 바위를 살짝 돌아가 길을 유유히 떠난다. 시비와 갈등을 일으키며 지치고 힘든 인생을 사는 사람들은 물의 여유를 잊지 말아야 한다.

관중민속예술박물원 내 상선약수

#3
중국 문명의 초석이 된 한자

한자의 기원

상상 속의 창힐 초상화

전국 후기의『순자(荀子)』에 창힐(蒼頡 혹은 倉頡)이 문자를 발명했다는 전설이 나타나며,『한비자(韓非子)』,『여씨춘추(呂氏春秋)』와 같은 책에도 한자는 창힐이 만들었다고 되어 있다. 창힐은 상고 시대에 살았던 사람으로서 황제라는 설도 있고 황제의 사관이라는 설도 있다. 한(漢)대가 되면 황제의 사관이었다는 전설이 나타난다. 전설에 따르면 창힐은 눈이 네 개 달려 있을 정도로 총명했다고 한다. 창힐이 태어났다는 섬서성 위남시 백수(白水)현에는 창힐 묘가 있다.

창힐이 사물의 모양이나 짐승의 발자국을 본떠 한자를 만들었다는 기록도 있다. 그러나 한자는 한 사람이 만들 수 없을 뿐만 아니라 한 시기에 만들어질 수 있는 글자도 아니라는 견해가 통설이다. 아마도 창힐은 명석한 두뇌를 가지고 한자를 정리하고 보급하는 데 지대한 공헌을 한 사람이었을 것이다. 그리고 한자는 시대를 거치면서 문명의 발전과 사회적 환경에 따라 변화를 거듭했다.

갑골문자

한자의 최초 모습은 은(殷)나라[별칭은 상(商)나라]의 갑골문으로부터 시작되며, 시기적으로 가장 빨리 문자의 형태를 갖춘 한자의 모습이다. 갑골은 거북 등껍질(甲)이나 짐승의 뼈(骨)를 말하고, 여기에 새겨진 글을 갑골문자라고 한다. 기원전 14세기에서 기원전 11세기에 사용된 것으로 추정된다.

갑골문은 청조 말기인 1899년에 왕의영(王懿榮)이 최초로 발견하였다. 당시 하남(河南, 허난)성 안양(安陽)현 소둔촌(小屯村)에서 나온 갑골 조각들이 용골(龍骨)이라는 이름으로 한약방에 내다 팔렸

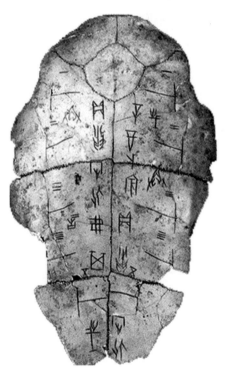

갑골문자

53

다. 이것을 한약방에서 구입한 국자감 제주(祭酒) 왕의영이 글자의 흔적이 있는 것을 발견하였으며, 금석학자들의 연구를 통해 문자로 확인되었다. 갑골의 발견은 그야말로 신화의 시대를 역사의 사실로 바꿔 놓은 세기적 사건이었다.

그 후 갑골 조각들이 나왔던 안양현 소둔촌에서 하천이 범람하여 갑골편이 대량으로 발굴되었다. 1928년부터 10년간 대대적인 발굴 작업이 진행되어 이곳이 주(周)에게 멸망되었던 은(殷)의 후기 도읍지 은허(殷墟)였음이 확인되었다. 은허 유적지에서 발견된 수만 편에 이르는 갑골편에서 4,500여 글자가 확인되었고, 그중 1,000여 자가 판독되어 당시의 사회상을 알려주고 있다.

은나라 황실에서는 거북 껍질을 이용하여 점을 치고 점친 내용을 기록해 놓았다. 정치·사회·문화·군사 등의 분야에서 천문·의학·역법에 이르기까지 다양한 내용이 기록되어 생생한 역사를 실감케 한다. 갑골문이 발견된 안양은 중국에서는 '문자의 성지'라고 불린다. 은허 박물관과 세계 유일의 문자 테마 박물관인 문자박물관이 있다.

문자박물관

보계 청동기박물관

청동기 명문

갑골문에 이어 청동기 기물에 글자를 새기는 금문(金文)이 유행하였는데, 상(商), 주(周) 시대는 청동기 전성시대이다. 당시 청동 제기를 대표하는 것이 '정(鼎)'이고, 청동 악기를 대표하는 것이 '종(鐘)'이기 때문에 종정문(鐘鼎文)이라고도 한다.

상나라의 청동기가 주로 제사용으로 사용되었던 반면, 주나라에 들어오면 왕으로부터 신하가 관직이나 토지, 기타 물품을 하사받았을 때나 공적을 세웠을 때 기념하기 위해 만드는 경우가 많았다. 서주(西周) 때 청동기 제조 기술이 발전되고 개선되면서 청동기 명문(銘文) 전성시대에 본격적으로 진입했다. 섬서성 보계(寶鷄)시에는 중국 제일의 청동기 박물관이 있다.

대우정 청동기와 명문

대우정

서주(西周) 초기의 청동기는 상(商) 후기의 전통을 직접적으로 이어받았으면서도 무늬는 좀 더 화려해지고 형태는 더욱 정교해졌다. 이 시기에는 명문(銘文)이 점점 길어지기 시작하여 보통 100자 내외가 많다. 대표적인 청동기로는 '대우정(大盂鼎)'이며 정(鼎) 안에는 19줄에 291자의 명문이 적혀 있다. 북경의 중국국가박물관에 소장되어 있다.

'대우정'은 주나라의 강왕(康王)이 은계(殷系)의 귀족인 우(盂)에게 칙명하면서 은주혁명(殷周革命)의 유래와 주(周)의 통일이 천명에 의한 것임을 강조하고 있다. "우(盂)에게 조(祖) 남공(南公)을 근본으로 삼아 이민족을 관리하고 천자의 보좌를 명하며 제기, 예복, 차마(車馬), 노예 등을 하사하자 이에 답하여 정(鼎)을 만들었다."라고 명기하고 있다. 여기서 천명사상(天命思想)과 유가(儒家)의 정치사상(政治思想)의 원초적 형태를 볼 수 있다.

모공정

서주 중기부터는 두터운 선은 가늘어지고 덩어리 형태는 쓰기 편한 선 형태로 바뀌고 사물의 외형을 따라 구불구불하게 그리던 선이 직선으로 바뀐다. 몇 개의 선을 하나의 획으로 잇는 경향이 보이게 되며 무늬는 점차 간단하고 소박해지기 시작하나 명문은 장편화된다. 현존하는 가장 긴 명문은 서주 후기로 접어드는 선왕(宣王, 기원전 827 ~ 782) 때의 '모공정(毛公鼎)'으로 32줄에 497자가 주조되어 있다. 대만 고궁박물관에 소장되어 있다.

모공정 청동기와 명문

"주(周) 선왕(宣王)은 즉위한 직후 조정을 바로잡기 위해 숙부인 모공(毛公)으로 하여금 나라 안팎의 크고 작은 일을 돌보도록 부탁하였다. 모공은 정사를 살피는 데 힘쓰고 사사로움이 없었기에 선왕은 모공을 표창하고 많은 녹봉을 하사하였다. 이에 모공은 정(鼎)을 주조하여 후손들에게 전하여 가보로 영원히 보존하도록 한다."는 것이 대략적인 내용이다.

괵계자백반

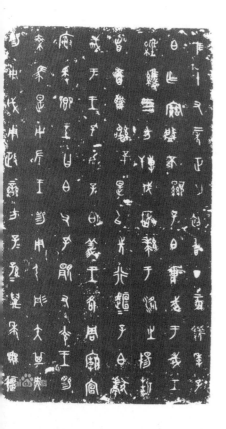

서주 말기에 이르면 굵은 선이 없어지고 행간과 자간이 일정해지며 옆으로 기울어진 듯하면서도 고른 대칭을 이루고 자형이 정형화된다. 가장 특징적인 것이 '괵계자백반(虢季子白盤)'이며 111자의 글이 새겨져 있다. 북경의 중국국가박물관에 소장되어 있다. "서괵(西虢) 제후의 막내아들(季子) 백(白)이 주 선왕(宣王)의 왕명을 받고 북방 민족과의 전쟁에서 큰 승리를 거두자 선왕이 잔치를 벌이고 상을 내려 주었다."는 내용이 적혀 있으며, 이때가 주 선왕 12년(기원전 816년)이라고 밝히고 있다. 서주 후기 주나라 왕실과 북방민족의 관계를 연구할 수 있는 소중한 자료다.

괵계자백반 청동기와 명

산씨반 청동기와 명문

산씨반

'산씨반'은 서주 시대 여왕(厲王) 때의 청동기이며 명문 중에 '산씨(散氏)'라는 글자가 있기 때문에 이렇게 명명되었다. 안쪽의 바닥에 명문 19행, 357자가 있다. 대만 고궁박물관에 소장되어 있다. 내용은 토지양도 계약이며, 전지(田地)의 네 곳의 경계에 이르는 곳까지 상세하게 기록하고 있다. 서주의 토지제도에 관한 중요한 사료로 연구되고 있다.

하존

금문(金文)에서 '중국(中國)'이란 글자는 '하존(何尊)'이란 청동기 명문에 처음으로 나타난다. 여기에는 122자가 새겨져 있으며, 성왕(成王)이 무왕(武王)의 유지를 계승하여 동쪽 도읍지인 성주(成周)를 세우는

하존 청동기와 명문

일을 기술하고 있다. "과거 너희들의 부친은 문왕에게 복종하였다. 문왕께서 그 대명(大命, 天命)을 받고, 무왕께서 큰 나라 상(大邑商)과 싸워 이긴 뒤 곧 하늘에 고하기를 우리는 중국(中國)에 머물면서 이곳에서 백성을 다스리고자 한다고 하였다."라고 기록되어 있다. 여기에서의 중국(中國)은 낙양(洛陽) 분지를 중심으로 한 중원 지구를 뜻한다. 하존 청동기는 보계 청동기박물관에 소장되어 있다.

대극정

대극정(大克鼎)은 무게가 200kg 이상 되고 화려한 무늬가 섬세하게 새겨져 있고 필획이 고르고 굳세며 단정하고 장엄하다. 상해박물관의 대표적인 청동기 유물로써 상해박물관의 외관은 대극정 모양을 따서 만들었다는 이야기가 있을 정도다.

'극(克)'이라는 이름을 가진 서주의 귀족이 조상 제사를 위해 주나라 효왕(孝王) 시기에 주조한 것이다. 이 청동기의 본체 내벽에는 총 28행, 290자의 명문이 두 단락으로 나뉘어 새겨져 있으며, 서주의 귀족인 '극'이 선조의 업적 덕분에 주나라 왕으로부터 관직과 대량의 토지, 노예를 상으로 내려받았다는 내용이 기록되어 있다. 서주 사회 역사를 연구하는 데 중요한 자료로 간주되고 있다.

대극정 청동기와 명문

문자 통일

주나라 선왕(宣王) 때 태사(太史) 사주(史籒)가 글자체를 정리하여 주문(籒文)이라는 이름으로 사용하게 되었다. 나중에 간략하게 개량된 소전(小篆)과 대비하여 대전(大篆)이라고 한다. 그런데 춘추전국 시대에는 각 나라마다 서로 다른 글자체가 쓰여 의사소통에 문제가 되어 진시황은 천하를 통일한 뒤 승상 이사(李斯)를 시켜 '소전(小篆)'을 만들게 하고 그 외의 다른 문자를 사용하지 못하게 함으로써 문자를 통일했다. 소전은 형체가 길쭉하고 둥글면서 균등하게 배열되어 있는 특징이 있다.

진시황은 전국 각지를 순행하면서 그때마다 명산에 순행의 치적을 돌에 새겨 놓았는데, 대표적인 것이 '역산각석(嶧山刻石)'이다. 높이 190㎝, 너비 48㎝의 역산각석 비석에는 소전체로 모두 222자가 새겨져 있는데 원석은 망실되었으나, 송나라 때 정문보(鄭文寶)가 모각한 각석이 남아 있어 진나라의 문자를 해독하는 데 있어 귀중한 자료가 되고 있다. 현재 서안비림박물관에 소장되어 있다.

역산 각석 모각 탁본

글자체의 발전

예서

조전비 탁본

소전체도 여전히 복잡하여 실무에 사용하기에 불편했다. 진나라 말, 옥사를 관리하는 정막(程邈)이라는 사람이 대전(大篆)에 근거하여 복잡한 부분을 삭제하고 수정하여 예서(隸書)를 만들었다. 예서(隸書)의 '예'는 '노예(奴隸)'라는 의미인데, 하급 관리부터 문자를 아는 일반인들까지 편하게 사용했던 속체(俗體)에서 발전했기 때문에 '예서'라는 이름이 붙여진 것이다. '한자'라는 이름을 얻게 된 한(漢)대에는 예서가 유행하였다.

소전에서 예서로의 변화는 매우 획기적인 것으로서 '예변(隸變)'이라고 부른다. 소전은 고문자에 능통한 사람이 아니면 알아볼 수 없지만 예서는 한자를 아는 사람이면 쉽게 알아볼 수 있고 이전의 둥글고 곡선 위주의 상형적 형태를 벗어나 직선 위주의 실용적 방식으로 바뀌는 전환점이 되었다. 후한 말, 황건의 난을 진압한 사실을 기술한 '조전비(曹全碑)'는 예서의 대표작이다.

해서

해서(楷書)는 단정하고 필법이 법도가 있어 이를 '진서(眞書)' 혹은 '정서(正書)'라고도 한다. 후한 대에 왕차중(王次仲)이 예서(隷書)를 간략화하여 해서(楷書)를 만들었다. 목간과 죽간을 대체하여 필기구가 붓·먹·종이가 중심인 시대가 되자 해서가 중용되었다. 해서는 위진남북조 시대에 성숙되고 당나라를 대표하는 글자가 되었다.

당나라 초기에 구양순(歐陽詢), 저수량(楮遂良), 우세남(虞世南)이 등장하여 단정한 구조미와 품격을 살린 해서의 범본을 만들었다. 성당(盛唐) 시기에는 안진경(顔眞卿), 유공권(柳公權), 구양통(歐陽通) 등이 출현하여 심미의식을 투영하고 필획과 결구에 변화를 주어 새로운 해서의 품격을 만들었다. 구양순의 '황보탄비(皇甫誕碑)'가 해서의 대표작이다.

구양순 황보탄비 탁본

초서

장욱의 광초

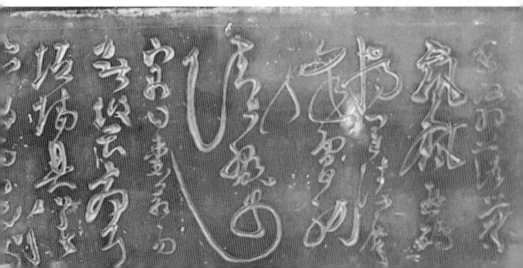

초서(草書)는 빠른 필사를 위해 만들어진 서체에 속한다. 자형이 간소하고 필획이 멈추지 않고 이어지는 특징이 있다. 한대 초기부터 필사의 편리를 위해 사용되었다. 처음에는 예서를 간소하게 흘려 쓴 장초(章草)를 사용하다가 후한 말의 장지(張芝)와 동진의 왕희지에 전수되어 새로운 필법으로 탄생하여 금초(今草)로 불리게 되었고, 당대에 이르면 한층 대담하게 변모하여 광초(狂草)가 생겨나는데 특히 장욱(張旭)의 광초가 유명하다.

행서

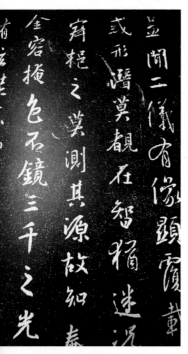

집자 집왕성교서비 탁본

행서(行書)는 해서와 초서의 중간에 해당하는 서체이다. 필획의 연결이 자연스럽고 쓰기에 편리하면서 초서만큼 알아보기 어렵지 않아, 개인의 문서와 서신 등 일상에서 보편적으로 사용되었다. 불후의 명작 왕희지의『난정서(蘭亭序)』를 행서의 대표 작품으로 꼽을 수 있다. 절강(浙江)성 소흥(紹興)에는 왕희지가 술을 마시고 글을 쓰면서 풍류를 즐겼던 난정(蘭亭)이 있다. 서안 비림박물관에는 당나라 시기에 홍복사(弘福寺) 회인(懷仁)스님이 왕희지체를 집자하여 쓴 '집왕성교서비(集王聖敎序碑)'가 있다.

History & Culture of Xian

2

중국 역사의 보금자리

중국 역사와 서안

주나라

진(秦)나라

한나라

수나라, 당나라

#1
중국 역사와 서안

신석기 문화 유적지 반파

반파(半坡) 유적지
는 서안 동쪽에 있으
며 앙소(仰訴) 신석기
문화의 대표적인 유적
지로서 6,000년 이상
이 된 모계사회의 생
활 양상을 생생하게
보여 주고 있다. 가옥,

반파 유적지

아궁이, 그리고 남녀를 나누어 묻은 집단 묘역, 제사 구역 등이 거의 완벽
하게 보존되어 있으며 유물들이 대량으로 발굴되었다. 반파인은 나무나
돌로 만든 도구를 많이 사용했다. 여성은 중요한 생산력으로 도자기를
굽고 천을 짜며 가축을 사육하는 일을 담당했고, 남자는 주로 사냥과 물
고기 잡는 일을 했다.

삼황오제 시대

중국은 삼황오제(三皇五帝)의 전설을 간직하고 있다. 삼황은 수인(燧人)씨, 복희(伏犧)씨, 신농(神農)씨를, 오제는 황제(黃帝), 전욱(顓頊), 곡(嚳), 요(堯), 순(舜)을 말한다. 삼황은 괴기한 모습을 한 초인적인 영웅이다. 수인씨는 불을 발명함으로써 음식을 익혀 먹을 수 있게 되었으며 추위로부터 보호하였고 안전을 확보할 수 있게 되었다. 수인씨는 중국의 프로메테우스라 할 수 있다.

복희씨는 고기잡이와 사냥 기술을 가르쳤다. 사람들은 자연의 처분만을 기다리지 않고 주동적으로 나서서 짐승을 사냥하고 물고기를 잡아

복희 사당

식생활을 개선할 수 있게 되었다. 복희씨는 그물을 발명했다. '기강'이란 단어는 복희의 그물에서 나온 말이며, 기(紀)와 강(綱)은 각각 그물의 아래와 위의 코를 꿴 줄을 말한다. 흐트러진 코의 그물이 물고기를 잡을 수 없듯이 기강이 해이해지면 어느 조직도 제 기능을 발휘할 수 없고 미래를 장담하기도 힘들다.

복희씨는 또한 팔괘(八卦)를 만들었다고 한다. 감숙성 천수(天水)시에는 복희씨 사당이 있으며, 매년 6월 20일에는 복희문화제가 성대히 거행된다.

황제릉 묘 앞 전각 내 곽말약(郭沫若)이 쓴 비석

신농씨는 '염제(炎帝) 신농'으로 불리며 쟁기를 발명하여 농경 시대를 열었고 백초의 맛을 보아 약초를 선별하여 중의학의 창시자로 불린다. 나무 열매와 짐승을 찾아다니던 불안정한 생활에서 벗어나 일정한 땅에서 경작을 하는 정착 생활을 하게 되었으며, 이로부터 농경 시대가 본격적으로 시작된 것이다.

황제(黃帝)는 문자, 역법, 궁실, 의상, 화폐, 수레 등 문물의 기초를 마련하였다. 이때부터 중국의 문명이 본격적으로 시작되었다. 중화민족의 시조로 추앙받고 있는 황제씨가 묻힌 황제릉은 섬서성 연안(延安)시 남단에 있다. 역대 황제들은 황제릉에 와서 제사를 지냈는데, 기록에 남아 있는 최초의 제사는 기원전 442년인 주나라 탕왕(湯王) 9년에 거행되었다. 한 무제는 용을 타고 하늘로 올라갈 수 있도록 신선들한테 기원하기 위해 기선대(祈仙臺)를 만들었다. 당나라 때인 770년에 황제릉 주변에 묘를 세웠고 그로부터 황제릉은 국가적인 행사를 개최하는 곳으로 되었다.

전욱과 곡에 대해서는 특별한 기록이 없다. 요와 순은 매우 높은 덕망에 의해 통치했다. 순은 자기의 아들을 제치고 황하의 범람을 막아 치수(治水)에 혁혁한 공을 세운 우(禹)에게 제위를 넘겼다. 우도 아들을 제치고 후계자를 지명하였으나, 백성들이 우의 아들을 후계로 삼아 하(夏)라는 세습 왕조가 출현하였다.

오랫동안 전승되어 온 삼대(三代), 즉 하(夏), 상(商), 주(周) 왕조 가운데 주왕조만이 직접적으로 자체적인 역사 기록을 통해서 알려져 있었으나, 은허(殷虛)에서 갑골문자가 대량으로 발견되면서 상나라(은나라)의 존재가 확인되었다. 사마천 『사기』 은(殷) 본기에 의하면 탕왕(湯王)에 이르러 하나라의 걸왕(傑王)을 쓰러뜨리고 군림하기 시작하였다고 한다. 그리고 낙양에서 그리 멀지 않은 언사현(偃師縣)에 있는 이리두(二里頭) 유적에서 청동으로 주조된 예기와 병기가 발견되었는데, 이곳은 하 왕조가 있었던 곳으로 추정된다.

서안에 도읍을 정한 왕조

역사적으로 수도를 정하는 데 있어 중요하게 고려되었던 조건은 진출과 교통이 편리한 곳인가, 외부 공격에 대한 방어가 용이한가, 경제력이 있는가 등이다. 서안은 사방이 험준한 산으로 둘러싸여 공격과 방어가 용이한 전략적 요충지이고 기름진 평원이 펼쳐져 있으며 위수가 가로지르고 주변에 황하가 흘러 교통이 편리한 관중의 중심 도시이다.

서안과 주변 지역은 주나라 시기부터 당나라 때까지 13개의 왕조가 들어서게 된다. 주나라의 수도였던 호경(鎬京)과 진의 수도였던 함양(咸陽)은 서안 인근이며, 한나라 장안성은 함양과 서안 사이에 위치하였다. 장안성 토질이 염화되어 거주에 불편해지자 수나라 문제가 동쪽으로 이동하여 성을 쌓아 대흥(大興)이라고 명명했다. 당나라 시기에는 이곳을 수도로 정하면서 장안(長安)으로 개칭하였다.

13개 왕조에 대해서는 보는 시각에 따라 다소 차이가 있지만 서주(西周), 진(秦), 서한(西漢), 신(新), 동한(東漢 헌제 초), 서진(西晉 민제), 전조(前趙), 전진(前秦), 후진(後秦), 서위(西魏), 북주(北周) 수(隋), 당(唐)이다. 특히, 주(周), 진(秦), 한(漢), 수(隋), 당(唐) 등 고대 중국의 강대한 왕국의 도읍지로서 서안은 정치·경제·문화의 중심지로서 역할을 하게 된다.

주(周) 시기에 각종 제도가 만들어지고 춘추전국 시대를 거치면서 여러 가지 사상과 철학이 나타났다. 진(秦)나라는 최초로 중국을 통일하였으며, 한(漢)은 북방 유목민족과의 대결 속에서 한족(漢族)의 고유한 역사 문화를 창조하고 그 기초를 닦았다. 수(隋)는 수세기 동안 분열된 중국을 다시 통일하였다. 개방적이고 국제적인 당(唐)은 북방 유목민족의 질박하고 거센 문화와 한족의 화려하면서도 실용적인 문화를 서로 융합시켜 새로운 형태의 중국 문화(中國文化)를 창조했으며, 이것은 다른 나라에 전파되어 큰 영향을 미쳤다.

#2
주나라

서주 시대

은나라(상나라) 주왕(紂王)
은 '달기(妲己)'라는 미인에
빠져 점차 왕으로서의 책임과
위엄은 사라지고 폭군의 면모
를 드러냈고, 궁정에서는 사
치와 향락의 주지육림(酒池肉
林)이 펼쳐졌다. 충신들이 간
언을 했지만 아무 소용이 없었

은, 주 교체기 판도

다. 주왕의 친척이면서 재상으로 백성들의 신망을 얻고 있는 비간(比干)
이 "달기를 버려야 한다."라고 간언했지만 주왕은 듣지 않고 비간을 죽
였다. 이로써 은나라 민심은 주왕을 떠났다.

이때 주나라의 문왕은 유명한 태공망(강태공)의 보필하에 비약적으로
발전하여 은나라 서쪽의 제후국 수장인 '서백 창'의 칭호를 받게 되었다.
주 문왕의 자리를 이어받은 주 무왕은 국력을 키워 기원전 1046년에 인

접 제후들과 함께 상나라를 공격하기 시작하였으며, '목야(牧野)의 전투'에서 이겼다. 주왕은 불길 속에 몸을 던져 자결했다.

강태공

강태공(姜太公)은 태공망(太公望)이라고도 한다. 문왕을 도와 주나라를 건국하고 무왕을 보필하여 상나라를 멸망시키고 주나라의 기초를 다지는 데 일등 공신의 역할을 하였다. 후에 제나라의 제후로 봉해졌다. 대체로 태공망은 주나라와 대대로 혼인 관계를 맺어온 강씨 부족의 대표로서 주나라의 군대를 지휘한 인물로 추측되고 있다.

강태공이 낚시질하면서 은둔 생활을 하고 있었는데, 주나라 문왕(文王)이 이곳을 방문하여 오랫동안 바랐던 현인이라고 초빙하여 갔다. 강태공 낚시터는 섬서(陝西)성 보계(寶雞)시 반계(磻溪) 협곡에 위치하고 있다. 협곡에 물을 막아 조성되었으며, 큰 바위가 있어 눈길을 끈다. "강태공의 곧은 낚시에도 원하는 놈은 물린다(太公釣魚, 願者上鉤).", "풍랑이 일어나도 침착하게 낚시대에 앉아 있다(任憑風浪起, 穩坐釣魚船)." 등 고사성어가 이곳에서 유래되었다.

강태공 낚시터

주 무왕(武王)은 상나라를 멸망시킨 후에 자신의 친족들과 개국공신들에게 영토를 나눠주며 다스렸는데, 시간이 흐를수록 독립국으로 가는 봉건제도의 효시가 되었다. 무왕은 오래 살지 못하고 일찍 죽었으며, 개국공신이자 무왕의 동생인 주공(周公) 희단(姬旦)이 무왕의 아들인 성왕(成王)을 보좌하여 국정을 이끌어간다. 7년 후 성왕이 성인이 되자 주공 희단, 즉 주문공(周文公)은 성왕이 친정하도록 하고 물러났다.

주문공은 주나라의 통치 시스템과 법전, 교육, 의례, 사상을 제정하고 시행한 정치가, 군사령관, 교육자, 과학자이며 유학자의 시조격인 인물이다. 약 500년 후에 노나라에서 태어난 공자(孔子)는 "내가 나이가 들어 이제는 꿈속에서라도 주문공을 한 번 뵈었으면 좋겠다."라고 흠모하며 가장 이상적인 성인으로 꼽았다.

주문공

2인자는 태생적으로 삶과 죽음의 갈림길에 서 있는 운명이다. 1인자를 도와 성공해도 토사구팽을 당하는 사례가 수없이 많았다. 한 고조 유방뿐만 아니라 명나라 주원장의 대업 성공 이후에 수많은 가신과 충신들이 형장의 이슬로 사라져야 했다. 선대의 유지를 받들어 후대를 모셔야 하는 고명대신의 운명도 비슷하다. 당 태종의 유지로 고종의 고명대신이 된 장손무기(長孫無忌)도 실각했다. 그러나 주문공은 예외였다.

주문공이 어린 세자를 왕(성왕)으로 올리고 섭정을 할 때 "곧 주문공이 조카인 성왕을 폐위하고 자신이 왕위에 오를 것이다."라는 유언비어가 퍼져나가기 시작했지만 이러한 소문에 개의치 않았다. 형인 주 무왕의 대업을 잇고 어린 조카인 성왕을 도와 주나라를 안정시키는 것이 자신의 임무라고 생각했기 때문이다.

성왕은 삼촌인 주문공이 두려웠다. 엄격했고 교육도 소홀하지 않았다. 주문공은 성왕과 자신의 아들을 같이 가르치며 성왕이 실수를 하거나 게 으르면 성왕 대신 자신의 아들에게 매를 드는 엄한 훈계를 서슴지 않았다. 두려움은 경계심을 낳았고 이는 의심으로 번졌다. 주문공은 성왕의 의심 이 자신의 죽음으로 이어질 수 있다는 것을 직감했다. 모든 권력과 물질을 내려놓고 시골로 들어갔다.

그때 누군가 성왕에게 "일찍이 폐하께서 병을 얻으셨을 때 주문공이 황 하에서 제를 올린 적이 있는데, 궤를 열어보면 주문공의 속마음을 알 수 있을 것입니다."라고 주청하자 궤를 열었다. 그곳에는 성왕의 아버지인 무 왕이 아팠을 때 대신 죽겠다는 내용이었고, 또 하나는 성왕 자신이 아팠을 때 모든 것이 나의 잘못이라는 내용이 들어있었다.

성왕은 주문공을 의심했던 자신을 자책하고 시골에 은퇴해 있던 주문공 을 다시 모셔왔다. 주문공이 죽자 "주문공의 묘는 시조 문왕의 능이 있는 필에 모셔라."라고 명령을 내렸다. 그리고 주문공의 자손들이 왕으로 가 있는 노나라에 대해서 천자의 예로 하늘에 제사를 올릴 수 있게 했다.

기산 주공묘

공화제 용어 유래

주 10대 왕인 여왕(厲王)은 강력한 중앙 통제를 시행하여 재정의 건실화를 추구하고 형법을 제정하여 치안 상황을 개선하려 했으나, 이 정책이 빛을 보기 전에 백성들의 불만이 폭발하여 기원전 841년 반란이 일어나 호경을 탈출해 피했다. 이로 인해 왕이 없이 정치를 행하는 '공화기'가 도래하는데, 기원전 841년에 시작되어 여왕이 망명지에서 죽고 여왕의 아들 희정(姬靜)이 선왕(宣王)으로 즉위하여 주나라 왕실이 다시 회복되기까지 14년 동안 지속되었다. 제후에게 추대된 공백(共伯) 화(和)라는 인물이 부재한 천자를 대신해 정무를 맡았다 하여 이것이 '공화제'의 유래가 되었다고 한다.

천금매소

선왕(宣王)은 호구 조사 등을 실시하며 국가 재건을 꽤했으나 빛을 보지 못하고 죽었으며 유왕(幽王)이 이어받는다. 포사(褒姒)에게 빠진 유왕은 웃는 일이 없는 포사를 웃게 하기 위해 고민했다. 유왕은 "왕비를 웃게 한다면 천 냥을 하사하겠다."라고 포고하였고, 괵석부라는 대신이 올린 계책에 따라 봉화를 올렸다. 각지의 제후들은 황망히 여산(驪山) 앞에 달려왔으나, 봉화가 적의 침범 때문이 아니라는 것을 알아차리고는 낭패스러운 표정을 지으며 돌아갔다. 포사는 이 광경을 보고 크게 웃었다. 그 뒤로도 포사를 웃게 하기 위해 봉화를 몇 번 올리게 되는데, 이 때문에 주나라에 대한 제후들의 신뢰가 크게 떨어졌다.

유왕이 포사만 감싸고 정치를 소홀히 하자, 유왕의 정부인인 신(申)씨의 친정은 하나라의 후손인 증(繒), 이민족인 서이(西夷), 견융(犬戎)과 더불어 왕궁을 습격했다. 다급하여 봉화를 올렸으나 달려온 제후는 없었다. 결국, 기원전 771년 유왕은 반란군에게 죽게 된다. 이것을 유래로 "천금으로 웃음을 산다."라는 천금매소(千金買笑)라는 사자성어가 생겨났다. 여자의 환심을 사려고 온갖 수단을 다하는 것을 말하며 쓸데없는 데에 돈을 낭비함을 비유하는 말이다.

동주 시대

반란군의 우두머리인 신(申), 증(繒) 등의 제후들은 신씨의 아들이자 원래 태자였던 의구(宜臼)를 평왕(平王)으로 옹립했고 평왕이 낙양으로 천도하니 이로써 서주 시대가 끝나고 동주 시대가 시작되었다. 동주 시대에 들어 주나라 왕실의 세력이 약해져 천자로서의 위세가 꺾이자 강력한 제후들이 서로 패권을 다투게 되었다. 제후들이 사실상의 독립국으로 행세하게 되며 서로 경쟁하게 되는데 이때를 춘추 시대라고 한다.

춘추 시대의 봉건 국가들은 주나라 왕실의 정통성을 인정하며 그 안에서 자신들의 패권을 다퉜다. 가장 큰 세력을 '춘추 5패'라고 부르며, 일반적으로 제(齊) 환공(桓公), 진(晉) 문공(文公), 초(楚) 장(莊)왕, 오(吳)왕 합려(闔閭), 월(越)왕 구천(句踐)을 일컫는다. 패자는 회맹(會盟)을 주최하여 이민족의 침입을 막고, 주 왕실을 존중하고 숭배하는 존왕양이(尊王攘夷 : 임금을 숭상하고 오랑캐를 물리침)의 명목으로 중원을 통제했다. 유명한 회맹(會盟)으로는 제(齊)나라 환공(桓公)의 규구(葵丘)의 회(기원전 651년), 진(晉)나라 문공(文公)의 천토(踐土)의 회(기원전 632년) 등이다.

춘추 5패에 얽힌 고사

한식(寒食)의 유래

진(晉) 문공의 이름은 '중이(重耳)'이다. 중이는 끝없는 암살 위협에 진나라를 떠나 19년 동안 천하를 떠돌며 망명 생활을 했고 그가 돌아와 왕이 되었을 때 62세였다. 왕이 될 조건과 형편이 아니었던 그가 왕이 되고 짧은 재위 기간 동안(9년)에 세상을 지배하는 춘추 패자가 된 비결은 '귀를 열고 세상의 소리를 듣는 왕', '신하의 충언을 받아들이고 자신을 반성하는 왕', '망명 시절을 잊지 않는 겸손한 왕'이라는 남다른 리더십이 있었기에 가능했다.

개자추(介子推)는 중이를 따라 유랑하면서 생활이 궁핍해졌을 때 허벅지살을 떼어 고깃국을 끓여 중이에게 바칠 정도의 충신이었다. 후에 중이가 왕(진 문공)이 되자 제신들은 서로 공을 차지하려고 다투었다. 개자추는 이에 환멸을 느껴 노모를 모시고 면산(綿山)으로 들어가 은둔하였다. 이를 알게 된 진 문공이 용서를 구하며 산에서 나올 것을 청했으나 나오지 않자 산에 불을 놓으면 효심이 지극한 개자추가 노모를 모시고 나오지 않겠느냐는 한 신하의 말을 듣고 불을 질렀고, 개자추는 결국 산에서 나오지 못하고 노모와 함께 불에 타 죽었다고 한다.

개자추의 죽음을 본 진 문공은 대성통곡하며 자신의 잘못을 뉘우치고 그의 죽음을 애도하며 개자추가 불에 타 죽은 날은 불을 피우지 못하게 하고 찬밥을 먹도록 했다는 고사에서 한식(寒食)이 유래하였다고 한다.

절영지회(絶纓之會)

초나라 장(莊)왕이 투월초의 난을 평정한 뒤 공을 세운 신하들을 위로하기 위하여 성대하게 연회를 베풀고 있을 때, 갑자기 광풍이 불어 촛불이 모두 꺼져버렸다. 어둠 속에서 불현듯 왕의 총희(寵姬)가 부르짖는 소리가 들렸다. 총희는 누군가 자신의 몸을 건드리는 자가 있어 그자의 갓끈을 잡아 뜯었으니 불을 켜면 그자가 누군지 가려낼 수 있을 것이라고 고하였다.

그러나 장왕은 촛불을 켜지 못하도록 제지하고는 신하들에게 갓끈을 끊도록 지시하여 이에 모든 신하들이 갓끈을 끊어버리고 여흥을 다한 뒤 연회를 잘 마쳤다. 3년 뒤, 초나라가 진(晉)나라와 전쟁을 할 때 한 장수가 선봉에 나서 죽기를 무릅쓰고 분투한 덕분에 승리할 수 있었는데, 그 장수가 바로 장왕의 총희에 의해 갓끈이 뜯긴 장수였다. 여기서 '절영지회(絕纓之會)'의 고사가 나왔다. 절영지회의 고사는 넓은 아량을 가진 지도자의 전형을 보여준다.

와신상담(臥薪嘗膽)

춘추 시대의 말기가 되자 진(晋), 초(楚)가 권세를 잃게 되며, 장강 하류의 남쪽에 오(吳)와 월(越)의 두 나라가 갑작스럽게 발흥하게 된다. 오의 합려(闔閭)는 오자서를 등용하여 국력을 길러 초의 도읍을 함락시킨다. 초는 오의 남쪽에 있는 월과 동맹을 맺어 오를 공략하게 했는데, 오와 월 사이에 사투가 되풀이되어 '와신상담(臥薪嘗膽)'이라는 고사(故事)가 나왔다.

오나라의 왕 합려(闔閭)는 월나라로 쳐들어갔다가 월왕 구천(勾踐)에게 패하였다. 이 전투에서 합려는 화살에 맞아 심각한 중상을 입었으며, 병상에 누운 합려는 죽기 전 그의 아들 부차(夫差)를 불러 이 원수를 갚을 것을 유언으로 남겼다. 그 후 월나라는 오나라와의 일전에서 대패하고, 수도가 포위되고 말았다. 구천은 얼마 남지 않은 군사를 거느리고 회계산(會稽山)에서 농성을 하였으나 견디지 못하고 오나라에 항복하였다.

포로가 된 구천과 신하 범려(范蠡)는 3년 동안 부차의 노복으로 일하는 등 갖은 고역과 모욕을 겪었다. 그리고 월나라는 영원히 오나라의 속국이 될 것을 맹세하고 목숨만 겨우 건져 귀국하였다. 구천은 복수의 일념을 불태우게 된다. 가시가 많은 나무에 누워 자고 쓰디쓴 곰쓸개를 핥으며 패전의 굴욕을 되새기고 자신을 채찍질하였다. 이를 와신상담(臥薪嘗膽)이라고 한다. 이후 오나라 부차가 중원을 차지하기 위해 북벌에만 신경을 쏟는 사이 구천은 오나라를 정복하고 부차를 자살하게 한다.

◀越王勾踐劍

春秋晚期，1965年湖北江陵县马山区望山1号楚墓出土。该剑通长55.7厘米，近格处有鸟虫书铭文8字 "越王勾践，自乍用剑。" 字形如有鸟虫纹饰，成为一种特殊的美术字。越王勾践剑保存完好，刃部锋利，历经2300多年，至今光泽悦目。

구천의 검

춘추 시대는 중국의 역사에서 기원전 770년에서 기원전 403년 사이의 시기를 말하며, 주나라의 동천 이후 진나라의 중국 통일까지의 시기를 부르는 춘추전국 시대의 전반기에 해당된다. 공자가 지은 『춘추(春秋)』에서 이 이름이 유래했다. 춘추 시대와 전국 시대와의 경계는 춘추 시대에 열국의 강국 진(晉)이 조·위·한의 3국으로 분열되어 동주(東周)로부터 정식으로 승인받은 기원전 403년을 잡는 것이 보통이다.

전국 시대에 접어들면서 주나라 왕실의 정통성은 유명무실화되었고, 전국 7웅의 국가들이 형식상으로도 완전히 독립적인 존재임을 내세우게 된다. 이때 주 왕실은 완전히 무시되고 제후들 간에 약육강식의 세력 쟁탈전이 벌어졌다. 전국 7웅은 한, 위, 조, 진(秦), 초, 연, 제를 일컫는다.

제자백가 사상 분출

　춘추전국 시대는 정치적으로 분열과 혼란의 양상을 띠고 있었지만, 문화적인 창조력이 가장 충만한 시기였다. 이전 시대까지의 무지에서 비롯된 주술과 마력의 위협에서 벗어나 인간과 자연에 대한 합리적인 해석을 추구했다. 소수의 귀족에게만 독점되었던 지식과 학문이 확산되고 사상의 발달을 촉진하였다. 각국의 군주들도 신분에 구애받지 않고 능력 있는 인재를 발탁해 부국강병을 추구했다.

　춘추전국 시대는 정치적으로 혼란기였던 만큼 거대한 사회 변혁의 흐름 속에서 보다 현실적으로 새로운 국가의 지배 원리가 요구되었기 때문에 궁극적인 관심은 국가를 통치하고 백성을 다스리는 효율적인 방법에 집중되었고, 인간과 자연에 대한 본질적인 물음보다는 정치적·사회적 존재로서 인간을 탐구 대상으로 삼았다.

　춘추전국 시대는 제자백가(諸子百家) 시대라고 불리는데, 이들은 전통적으로 유가(儒家: 공자, 맹자, 순자), 도가(道家: 노자, 장자), 음양가(陰陽家), 법가(法家: 한비자), 명가(名家), 묵가(墨家: 묵자), 종횡가(縱橫家), 잡가(雜家), 농가(農家), 병가(兵家) 등으로 분류되고 있지만 학파로서 가장 성공적이었던 것은 유가, 묵가, 법가, 도가였다.

　춘추 말기에 공자는 주대의 봉건 질서로 다시 돌아갈 것을 주장하고 인

(仁)과 예(禮)를 강조했다. 노자는 인위적인 노력은 오히려 사태를 악화시킬 뿐이므로 자연으로 돌아가 순리에 맡기는 것이 인간이 할 수 있는 최선이라고 말했다. 전국 시대 초기에 묵자는 반전론을 주장하며 만인 평등의 새로운 사회를 건설해야 한다고 역설했다.

전국 시대 중기를 대표하는 사상가는 유가의 맹자(孟子)와 도가의 장자(莊子)이다. 맹자는 유교를 되살려 패도를 배제하고 왕도를 가르쳤으며, 인간의 본성은 원래 착하다는 성선설(性善說)을 전개했다. 장자는 사색의 대상을 자연계에서 구해, 위대한 자연을 지배하고 규율하는 도(道)는 인간의 인식을 초월하는 것이므로 그것을 깨닫기 위해서는 직관에 의하지 않고는 방법이 없다고 보았다.

전국 시대 후기에 진(秦)나라가 부국강병을 이루고 동쪽으로 정벌을 해 나가려는 무렵에 실효성을 내세우는 법가 중시 경향이 나타났다. 이 경향을 대표하는 사상가가 유가의 순자(筍子)와 법가의 한비자(韓非子)이다. 순자는 맹자의 성선설에 반대하여 성악설(性惡說)을 제창하고, 인간의 악한 본성을 바르게 하고 사회 질서를 유지하기 위해 예(禮)를 정할 필요가 있다고 했는데, 이때의 예(禮)는 법(法)에 가깝다.

한비자는 순자의 예(禮)를 법률로 바꾸어 놓았다. 법에 있어서 개념과 결과의 일치를 구하고 군주의 법에 의한 국가의 통제·유지 방법을 논하여, 장차 성립될 중앙집권적 통일 국가가 취할 통치 체제에 대한 이론적 근거를 제공하였다.

#3
진(秦)나라

진나라의 발전

원래 진나라는 지금의 감숙성 천수(天水)시 일대에 살던 조그만 부용국에 불과했다. 서주 말년에 견융(犬戎)의 공격으로 유왕(幽王)이 죽고 주 평왕(平王)이 호경(鎬京)을 버리고 낙읍으로 동천(東遷)할 때 진 양공(襄公)은 군사를 이끌고 달려가 도왔다. 진나라는 그 공로로 위상이 높아지고 다시 주나라로부터 기산(岐山) 이서의 땅을 할양받아 제후국이 된다. 진 문공(文公) 4년(기원전 762년)에 현재의 보계시 부근에 신읍(新邑)을 건설하여 동쪽으로 나오는 기반을 구축한다.

그로부터 약 100년 후인 기원전 659년에 목공(穆公)이라는 영명한 군주가 등장하여 유능한 인재를 끌어모으는데 심혈을 기울인다. 백리해(百里奚)와 건숙(蹇叔)을 등용하여 당시 변방의 후진국 취급을 받던 진나라를 일약 중원의 여러 제후국과 그 패권을 다툴 수 있는 강국으로 만들었다.

기원전 356년에 진 효공(孝公)이 법가(法家) 사상가인 공손앙(公孫鞅)을 등용하여 일대 정치 개혁을 통해 부국강병을 이루고 천하통일의 기반을 다진다. 공손앙은 역사적으로 상앙(商鞅)이라는 이름으로 유명하며, 법으로 나라를 다스린다는 변법을 성공시켜 진나라를 도약하게 만든다.

상앙의 변법

상앙(商鞅) 본명은 공손앙(公孫鞅)이며, 원래 위(魏)나라의 재상 공숙좌(公叔座)라는 사람의 가신으로 작은 벼슬을 하고 있었다. 이때 위나라 왕은 혜왕(惠王)이었다. 공숙좌는 상앙이 범상치 않은 인물이라는 것을 간파하고 있었는데, 임종 전에 혜왕이 문병을 왔을 때 "상앙이 비록 나이는 적지만 특출한 재능을 가졌으니 큰일을 위임하시되, 만약 기용하지 않으신다면 반드시 죽여 다른 나라로 가는 것을 막아야 한다."라고 간언했다. 그러나 위혜왕은 죽음이 임박한 공숙좌가 정신이 오락가락해서 하는 말이라고 무시했다.

상앙은 진나라 효공(孝公)이 전국에 포고령을 내려 인재를 찾고 있다는 소식을 듣고 진나라로 갔다. 진효공과 상앙은 몇 날 며칠 열정적인 대화를 하게 된다. 사마천이 기록한 『사기(史記)』에는 효공과 상앙 두 사람의 무릎이 점점 앞으로 다가가는 것도 서로 눈치 채지 못할 정도로 담론을 했다고 기록돼 있다. 효공은 상앙을 좌서장(左庶長)이라는 직책에 발탁했다.

상앙은 변법을 통해 진나라를 강국으로 만들었다. 그는 백성이 법을 무시하는 이유는 기득권층이 법을 지키지 않기 때문이라고 판단했다. 그래서 법을 어기는 자는 지위고하를 막론하고 엄정하게 처벌했다. 상앙의 변법은 수년 안에 가시적인 효과를 거두기 시작했다. 우선 군대가 강해져 전쟁에서 승리했다. 위나라에도 승리를 거두어 서북 변방의 진나라가 동진을 할 수 있는 계기를 만들었다. 전쟁에서 지고 퇴각하던 위(魏) 혜왕은 공숙좌의 말대로 상앙을 죽이지 않아 상앙이 진나라로 가게 한 것을 크게 후회했다고 한다.

진효공이 세상을 떠나고 상앙에게 증오를 품고 있던 태자가 즉위하자 원로 보수 세력을 규합하여 역모 혐의로 체포령을 내렸다. 상앙은 위나라로 망명을 하기로 하고 함곡관을 밤에 몰래 넘으려고 했으나, 새벽 첫 닭이 울 때까지는 관문을 여는 게 금지되어 있는 게 진나라의 법이어서 할 수 없이 여관에 유숙하려로 했다. 그러나 여행증이 없는 사람은 유숙시킬 수 없다는 것도 진나라의 법이었기에 거절당하고 만다. 바로 상앙 자신이 만든 법이었다.

천신만고 끝에 위나라로 갔지만 위나라 사람들은 패배를 안겨준 그를 반길 리 만무하여 봉지로 받았던 상(商) 땅(현재의 상락시 지역)으로 가서 군대를 모았다. 그러나 추격해 온 진나라 군대에 사로잡혀 자신이 만든 형벌인 거열형(車裂刑)에 처해졌다.

중원 통일

    상앙의 변법 개혁 성공으로 진나라가 초강대국으로 급부상하자 이때부터 진(秦)나라와 6국 간에 치열한 외교가 전개된다. 여섯 나라는 소진(蘇秦)의 합종책(合縱策)으로 대항한다. 진나라는 이를 깨뜨리기 위해 장의(張儀)의 연횡책(連橫策)을 내세워 여섯 나라가 진나라를 섬기면서 서로 경쟁하게 만들었다. 이후 진나라 소왕(昭王)은 범저(范雎)의 '원교근공(遠交近攻)' 정책을 채택하여 6국 동맹을 파괴시키면서 공세를 취했다.

    진 소왕(昭王)은 성심을 다해 인재를 구해 나라의 사직을 안정시키고 천하 통일의 기반을 세웠는데, 다섯 번 무릎을 꿇어 위나라 사람 범저(范雎)를 초빙한 이야기는 유명하다. 그 후 진나라는 전국 시대 최후의 세계 대전과도 같은 성격을 지니고 있다는 장평대전(長平大戰)에서 조나라에 승리하여 주도권을 확보한다. 한편, 진나라는 '정국거(鄭國渠)'라는 관개 수로를 만들어 농업 생산량 개선에 획기적인 발전을 이루었다.

정국거

    진나라와 한나라는 국경을 마주하고 있고, 진나라가 중원으로 진출하기 위해서는 지리적으로 반드시 한나라를 공략해야만 했다. 한나라는 중원 6국 가운데 가장 영토도 작고 인구나 산업 모든 측면에서 뒤떨어져 항상 진나라의 동진에 대한 두려움을 갖고 있었다.

한나라 환왕(桓王)은 진나라의 재정을 피폐하게 하고, 거대한 역사로 인해 동진은 아예 신경도 쓰지 못하게 하려고 기원전 246년에 정국(鄭國)이란 사람을 진나라에 보낸다. 정국은 진나라에 들어가 진나라의 국토 중부, 즉 관중(關中) 지역을 가로지르는 경수(涇水)와 낙수(落水)를 연결하는 거대한 관개사업을 벌여 관중의 농토를 더욱 비옥하게 가꾸자고 유세를 한다. 물론 이는 표면적인 이유일 뿐이고 실상은 한나라의 책략으로 한 것이었다. 이를 모르는 진나라는 정국의 방책을 받아들여 거대한 수리사업을 벌인다. 이 해는 진왕 영정(嬴政), 즉 훗날의 진시황이 즉위한 첫 해였다. 그런데 이러한 한나라의 책략은 얼마 못 가 탄로가 난다. 진왕은 당연히 정국을 죽이려 했고, 이에 정국은 "나는 비록 한을 위해서는 몇 년 더 사직의 수명을 연장하게 해주었을 뿐이지만 진을 위해 만세의 공을 세웠다."라고 하며 스스로를 변호한다.

결국, 진왕은 이러한 정국의 말에 수긍하고, 정국을 계속 중용한다. 그 결과 10여 년 만에 '정국거(鄭國渠)'는 완성되었고, 비교적 낙후되어 있던 관중의 북부 지역이 옥토로 변하여 진나라가 천하를 통일하는 기반이 된다.

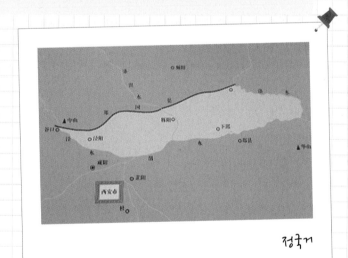

정국거

진나라 영정(嬴政)은 기원전 230년부터 중원 통일 작업을 본격적으로 전개하였다. 먼저 가장 세가 약했던 한(韓)나라부터 멸망시켰다. 기원전 228년에는 조나라까지 멸망시켰다. 이때 연나라의 태자 희단(姬丹)이 자객 형가를 보내 영정을 죽이려 했으나 실패하였다. 기원전 225년에는 위나라, 기원전 223년에는 진나라 다음으로 세가 가장 세었던 초나라, 기원전 222년에는 연나라, 그리고 기원전 221년에 드디어 마지막 남은 제나라까지 멸망시켜 중원을 마침내 통일하였다.

영정은 장양왕 영자초(嬴子楚)와 그 부인 조희의 아들로 태어났으나, 상인 출신의 승상 여불위(呂不韋)의 아들이라는 설이 있다. 진나라 공자 영자초는 조나라에 인질로 잡혀와 있었다. 원래 조희는 조나라 수도 한단의 기생 출신으로, 거상 여불위가 데리고 있었다. 여불위는 조희를 영자초에게 바쳤고 영자초는 조희를 아내로 삼았다. 『사기(史記)』 '여불위 열전'에서는 원래 조희는 여불위의 아들을 임신하고 있었으나, 여불위가 정치적 목적에서 이를 숨기고 영자초에게 바쳤다고 기록되어 있다.

형가의 진시황 암살 기도

연나라의 태자 희단(姬丹)과 진나라 영정(嬴政)은 조나라의 볼모로 지냈고, 이후 영정은 진나라로 돌아가 왕위에 오르고 희단은 진나라의 볼모가된다. 영정은 옛 친구를 박대했고, 희단은 이를 원망하며 연나라로 피신했다. 희단은 개인적 원한에 진나라가 연나라를 침략할 것이라는 근심으로영정 암살을 기획하게 된다.

희단의 부탁으로 천하의 협객 형가(荊軻)는 진왕에게 다가갈 수 있는 미끼인 번어기(樊於期 : 모반에 실패하여 연나라에 망명 온 진나라 장수)의목과 연나라의 옥토인 독항(督亢)의 지도를 가지고 함양궁(咸陽宮)에서 영정을 배알한다. 영정에게 지도를 해석해 주겠다고 말하며 가까이 접근하는데, 두루마리로 말린 지도를 풀자 두루마리 끝에서 미리 준비한 비수가나타난다. 진왕의 소매를 잡아 찌르려 하지만 옷소매만 끊어지고 진왕은피한다. 진왕은 다급하게 허리에 찬 검을 빼 들려 하지만 검이 너무 길어잘 빠지지 않았다.

형가는 진왕을 뒤쫓고 진왕은 기둥을 돌며 필사적으로 도망쳤다. 이때시의(侍醫) 하무저(夏無且)가 약 상자를 형가에게 집어 던진다. 형가는 놀랐고 그 사이 진왕은 간신히 검을 빼어 형가에게 휘두르게 된다. 형가가가진 짧은 비수로는 장검에 맞서기가 힘들었고, 다리를 베여 더 걷지 못해마지막으로 진왕을 향해 비수를 집어 던졌으나 진왕을 비껴가 기둥에 박히고 암살은 실패로 끝나고 만다.

진시황의 통일 이후 정책

진(秦)대 역참 도로망

진나라가 중국을 통일하기 전에는 상나라나 주나라의 최고 통치자는 왕이라고 불려왔는데, 통일의 위업을 달성한 영정은 왕이라는 칭호가 자신의 공적과 존귀를 나타낼 수 없다고 여겼다. 영정은 자신의 덕이 삼황(三皇)보다 높으며, 공적이 오제(五帝)보다 많다고 생각하여 중국의 전설상의 성왕인 삼황오제(三皇五帝)에서 '황(皇)'과 '제(帝)'를 따 합쳐 황제(皇帝)라 칭하였고, 자신이 처음이니 시황제(始皇帝)로 부르라고 명했다.

중앙의 최고 관리로 승상, 어사대부, 태위의 3공을 세우고 그 밑에 9경을 두어 정무를 관장하게 하였으며, 간접 통치 방식인 봉건제(封建制)를 폐지하고 전국을 36개의 군현으로 나누어 군수와 현령을 파견하는 군현제(郡縣制)로 다스렸다. 또한, 전국적인 도로를 건설하는 등 국가 기반을 다졌다. "문장은 같은 글로 쓰고, 수레는 동일한 바퀴로 한다(書同文, 車同軌)."라는 정책에 따라 문자와 도량형을 통일하였다.

진시황은 북쪽의 흉노족을 방어하기 위해 몽염(蒙恬)으로 하여금 만리장성을 축조하게 한다. 만리장성을 축조하는 데는 많은 백성이 동원되었고, 죽은 사람의 수가 헤아릴 수 없을 정도로 많았다고 한다. 그래서 여러 가지 전설과도 같은 이야기가 전해지지만 가장 유명한 것이 바로 맹강녀(孟姜女) 전설이다. 이 이야기는 울음으로 만리장성을 무너뜨렸다는 여주인공을 설정하여 그 당시 폭정의 비극을 전설의 형태를 빌려 표현한 것이다.

맹강녀 전설

진시황 때에 맹강녀(孟姜女)는 범기량(范杞良)의 아내로 지금의 산동 지역에 살고 있었다. 범기량은 결혼한 지 사흘 만에 만리장성 부역에 끌려갔고, 맹강녀는 매일같이 그를 그리며 울다가 결국 남편을 찾아 그 머나먼 만리장성 현장으로 갔다. 하염없이 가다가 드디어 만리장성을 축조하는 공사장에 다다르게 되었다. 맹강녀가 인부들을 붙잡고는 범기량을 아느냐고 물으니 아무도 모른다고 고개를 흔드는데, 한 사람이 말하길 여기서 며칠 더 가면 또 한 군데의 공사장이 있다고 알려줬다.

다시 발걸음을 옮긴 맹강녀는 또 몇 날 며칠을 걸어 다른 공사장에 도착했다. 범기량을 아느냐며 이 사람 저 사람을 붙잡고 물어보기 시작했는데 그러기를 여러 차례, 드디어 범기량을 아는 사람을 만나게 되었다. 그런데 범기량은 이미 추위를 못 이겨 죽었다고 전한다.

모든 것이 일거에 무너지는 듯한 슬픔 속에서도 맹강녀는 그럼 남편의 시신이라도 봐야겠다며 시신이 묻힌 곳을 물어보자 여기서는 시신을 따로 묻지 않고 성벽을 쌓으면서 그냥 시신도 같이 매장하기 때문에 정확히 어디에 묻혔는지 알 수 없다고 한다. 절망감에 사로잡힌 맹강녀는 며칠 동안 통곡하다 장성 벽에서 뛰어내려 스스로 목숨을 끊었다. 그러자 성벽이 스스로 무너지면서 그곳에서 남편의 시신이 나왔다는 얘기다.

진시황의 실정 및
진나라 멸망

　진시황은 강력한 왕권으로 여러 정책을 시행하여 제국의 기틀을 만들었으나 크게 비판받을 일도 많이 행했다. 만리장성 축조, 거대한 궁전인 아방궁(阿房宮), 진시황릉 및 병마용 축조 등 무리한 토목공사를 강행하여 백성들의 원성을 샀다.

　진시황을 폭군의 이미지로 굳히는 결정적인 사건이 일어났는데, 그것은 분서갱유(焚書坑儒)로 일컬어지는 사상 통일 정책이다. 승상 이사의 건의에 따라 법가(法家) 및 실용서적을 제외한 책을 불태웠으며 수많은 유생을 생매장하기까지 했다. 이를 말렸던 태자 부소(扶蘇)도 멀리 변방으로 쫓겨났다. 진시황의 이와 같은 철권통치는 결국 지식인들과 백성들의 민심이 정권을 떠나게 했다.

아방궁

아방궁(阿房宮)은 진시황제가 세운 궁전으로 사치와 호화의 대명사로 함양(咸陽)과 위수(渭水) 근처에 있었다. 진시황이 제위하면서 효공이 세운 함양궁이 협소하다고 하여 황하 지류 위수의 남측에 해당하는 상림원(上林苑)에 새로운 궁전 축조를 명했다. 아방(阿房)의 땅에 궁전을 건설하였는데 진시황제 생전에 완성하지는 못하고 2세 황제 때 완공되었다.

동서 2.5km, 남북 1km의 규모로 지었는데 앞의 전(殿)과 뒤의 궁(宮) 두 부분으로 나누어져 있었다고 한다. 전(殿)의 규모는 동서 500보(680m), 남북 50장(113m)으로, 궁전 위층에는 만 명이 앉을 수 있고 아래층에는 5장의 깃발을 세울 수 있을 정도로 거대했다고 한다. 또한, 수레가 다닐 수 있는 길을 만들어 아방에서 위수를 건너 함양에 이어지게 했다.

아방궁은 함양에 진격한 항우의 군대에 의해 불타고 말았는데 얼마나 큰지 무려 3개월이나 걸렸다고 한다. 당시의 상황에 대해『사기(史記)』항우본기(項羽本紀)에는 "항우는 군사들을 이끌고 서쪽으로 가 함양을 도륙하고 항복한 3세 황제 자영(子嬰)을 죽이고 진나라 궁실을 불태웠는데 불이 석 달이 지나도록 꺼지지 않았다."라고 기록되어 있다. 유적은 섬서성 서안시 서쪽 13km의 아방촌(阿房村)에 있었다는 것을 표지석으로 알 수 있다.

아방궁 유적 표지석

시황제는 재위 기간 중 무려 다섯 차례나 전국 곳곳을 순행하였다. 이런 틈을 타 많은 협객들이 폭군 시황제를 죽이려 하였다. 그리하여 시황제는 순행할 때에는 언제나 다섯 개의 수레를 군사들이 호위토록 하고 자신은 그 수레 중 하나에 탔다. 시황제가 기원전 210년에 마지막 순행을 하였다. 사구(沙丘) 지방에 이르자 병이 매우 위독해졌으며 유언장을 조고에게 쓰게 하고, 그 내용은 옥새와 함께 적장자인 황태자 부소(扶蘇)에게 전달하여 부소가 함양에서 자신의 장례를 주관하라 명하였다. 기원전 210년 음력 9월 10일, 진시황제는 50세의 나이로 죽는다.

이사(李斯)와 조고(趙高), 호해(胡亥)는 시황제의 죽음을 숨겼으며 조고는 시황제의 유서를 조작하여 황태자 부소(扶蘇)에게 자결을 명하였다. 이때 부소는 장군 몽염(蒙恬)과 함께 국경 경비의 감독을 하고 있었는데, 장군 몽념은 그것이 거짓 유서인 것을 간파하고 곧바로 부소에게 진언했지만 부소는 "의심하는 것 자체가 도리에 반한다."라고 말하고 스스로 목숨을 끊었다.

진시황릉

진시황릉

진시황릉은 서안에서 30km 떨어진 여산(酈山)에 있다. 역대 제왕들은 거의 모두 '사사여생(事死如生)'처럼 저승에서도 영원히 살아가기를 원해 자신의 능묘 건설을 매우 중시하였다. 사마천『사기』진시황 본기 편에 따르면 시황제 즉위 초부터 여산에 무덤을 착공하여 중국 통일 후에는 최대 70여만 명까지 동원하였다고 한다.

능묘는 깊이 팠고 그 위에 청동으로 바닥을 깔고 관을 안치했다. 묘실 벽에는 일월성신과 산천지형도가 그려져 있었다. 궁전 · 누각 · 집무실의 본을 만들고 멋진 그릇, 값진 석재와 진귀한 진주와 보물들로 묘지를 가득 채웠다. 침입자가 나타나면 석궁이 자동적으로 발사되도록 무기들이 설치되었다. 천정에는 보석과 명주로 천체의 별들을 장식하고, 바닥에는 백종(百種), 오악(五岳), 구주(九州)의 지리 형태를 만들어 놓고 수은을 부어 강과 하천을 만들었다고 기록되어 있다.

진시황의 사후 함양으로 들어온 항우가 30만의 병사들을 동원해서 도굴을 했다는 기록이 있고, 황소의 난 때도 도굴을 시도했다고 한다. 그러나 강과 하천을 만들 정도로 엄청난 양의 수은으로 인해 지하 궁전은 완전한 도굴이 힘들었을 것이라는 추측을 할 수 있다. 한편, 중국 문화재 당국은 향후 문화재 발굴 · 보존 기술이 충분히 발전할 때까지 진시황릉을 발굴하지 않는 것으로 결론을 내렸다고 한다.

시황제의 26남 호해가 황제에 오르니 진 2세 황제이다. 환관 조고는 어리석은 황제를 허수아비 황제로 만들고 권력을 제멋대로 부리면서 폭정을 하였다. 이때 조고가 황제와 대신들 앞에서 사슴을 말이라고 하여 위압적으로 속인다는 뜻의 지록위마(指鹿爲馬)라는 고사가 나왔다. 이리하여 시황제의 사후 진나라는 혼란에 빠지면서 진승(陳勝)·오광(吳廣)의 반란이 발발하여 전국으로 퍼져나간다.

진 2세 황제와 조고는 장한(章邯) 장군을 토벌군으로 보낸다. 장한은 진승군을 격파하고 그다음에는 초나라 항량(項梁)군도 격파했으나, 항우와의 결전에서 패배하여 항복하고 그 막하에 들어간다. 장한이 패배한 것을 들은 조고는 낭패해졌는데, 2세 황제에게 폭정의 오명을 씌운 다음 살해하고 진시황의 손자인 자영(子嬰)을 3세 황제로 세웠지만 오히려 자영에 의해서 주살당했다.

그 후 유방이 함양에 들어가자 자영은 항복하고 진은 멸망했다. 유방은 자영을 죽이지 않기로 하였으나 나중에 함양에 도착한 항우는 자영을 죽이고, 미녀와 재보를 약탈하고 불을 질러 함양은 폐허가 되었다. 사마천은 『사기(史記)』에서 진나라가 멸망한 데에는 우선 군주가 덕정(德政)을 펴지 못한 것을 가장 큰 이유로 지적하고, 진시황에 대해 "천성이 고집불통으로 남의 의견을 듣지 않았다."라고 평했다.

#4
한나라

항우와 유방의 쟁패

진나라 멸망 후 항우(項羽)와 유방(劉邦)이 천하를 놓고 경쟁하는 초한 쟁패기에 접어든다. 항우는 대대로 초나라 장군을 지낸 귀족 집안에서 태어난 사람이었고 유방은 농민 출신이었다. 항우에게는 책사 범증(范增)이, 유방에게는 책사 장량(張良)이 있었다. 비록 유방이 무관(武關)을 통해 함양에 먼저 진격하고 진나라 항복을 받아 냈으나, 항우는 진나라 멸망에 큰 전환점이 되는 거록대전(巨鹿大戰)에 승리한 여세를 몰아 함곡관을 돌파하여 군사적으로 압도하고 있었다.

바로 이때에 '홍문의 연(鴻門宴)'이라는 역사적 사건이 일어난다. 항우 측에서는 범증(范增)의 강력한 건의로 '홍문의 연'에서 유방을 죽일 계획을 세웠지만 항우가 결정을 내리지 못한 사이에 유방은 도망간다. 항우는 살려두어도 별 볼 일 없을 것이라고 안이하게 판단하여 유방을 제거할 수 있는 절호의 기회를 놓친 것이다.

홍문의 연 유적지

홍문의 연

　　항우는 거록대전(巨鹿大戰)에서 진나라 군대를 격파하고 파죽지세로 40만 대군을 이끌고 함곡관으로 진군한다. 함곡관은 당시 유방의 군대가 미리 와서 점령하고 있었으며, 유방이 항우 군대가 입성하는 것을 막자 항우는 분노하여 함곡관 점령을 명하고 돌파한다.

　　항우는 승기를 몰아 유방의 군대를 초토화시키려고 했는데, 항우의 숙부이기도 한 항백(項伯)이 유방의 군영으로 가서 친구 사이인 유방의 모사 장량에게 위험을 알리자 유방과 장량, 번쾌는 병사 100여 명만을 대동한 채 항우의 군영으로 가서 사죄한다.

　　유방은 자신의 결백을 호소하고 무죄함을 주장했다. 범증은 항우에게 유방을 죽이라는 표시를 했으나, 항우가 이를 듣지 않자 항우의 사촌 조카이자 장수인 항장(項莊)으로 하여금 칼춤을 추는 척하다가 유방을 죽이라고 한다. 그러자 항백이 함께 칼춤을 추며 유방을 보호한다. 항장이 유방을 죽일 목적으로 칼춤을 추었다 하여 '항장무검 의재패공'(項莊舞劍 意在

沛公)이라는 말이 나왔다. 항장이 칼춤을 춘 것은 유방을 죽이려는 항우의 뜻에 따른 것이라는 의미이다.

이때 번쾌가 검을 차고 방패를 들고는 파수를 서는 위사(衛士)들을 제치고 군문으로 들어가 눈을 부릅뜨면서 한왕이 애써 수고하고 공로 또한 높은데 봉후(封侯)의 상을 내리지 못할망정 소인배의 쓸데없는 말만 듣고 죽이려고 한다며 항의한다. 이에 항우는 화도 내지 않고 오히려 번쾌를 장사라고 칭찬을 하고 있는 사이에 유방이 볼일을 보러 간다며 나간다. 뒤를 따라 번쾌가 따라 나갔으며 그 길로 유방은 자기 진영으로 도망치고 만다. 범증은 매우 한탄하면서 나중에 유방에게 모두 사로잡혀 죽음을 면치 못할 것이라고 분해한다.

천하의 대권을 장악한 항우는 제후를 소집하여 논공행상을 주관하였는데, 관중을 장악해 놓고도 금의환향의 꿈에 들떠 서초패왕(西楚霸王)이 되어 초나라 지역으로 돌아간다. 유방은 파・촉・한중 지역으로 밀려났으나, 한신을 대장군으로 삼아 군사력을 키워 암도진창(暗渡陳倉) 전법으로 관중을 점령하고 이후 전개된 초・한 쟁패 전쟁에서 승리한다.

중국 역사상 두 번째 통일 국가인 한나라를 건국한 유방 고조는 공신들에게 자신이 항우를 제압하고 천하를 차지할 수 있었던 이유에 대해서 "나는 군대와 식량을 지원해 주며 후방을 튼튼히 했던 소하(蕭何)보다 못하고, 장막 안에서 천리 밖 계책을 짜내는 장량보다 못하고, 가는 곳마다 성을 빼앗아 연전연승하는 한신(韓信)보다 못하다. 그러나 항우는 하나 밖에 없는 책사 범증(范增)도 제대로 활용하지 못해 나한테 잡힌 것이다."라고 말했다고 『사기(史記)』는 기록하고 있다.

왕권 강화 실시

한 고조는 건국한 지 얼마 안 되어 공신과 지방 세력들이 반발할까 걱정하여 중앙에서는 진나라 때의 군현제를 이어가고 그 밖의 지역에서는 봉건제를 실시했는데, 이것을 '군국제도(郡國制度)'라고 한다. 그리고 나중에는 각지에 분봉되어 있는 개국공신들을 하나하나 제거해 나간다. 한 고조가 지방 반란을 진압하기 위해 자리를 비운 사이에 한 고조의 황후인 여후(呂后)가 한신을 모함하여 죽인다. 한신은 죽으면서 토사구팽(兎死狗烹)당한 자신의 처지를 한탄한다.

여후의 이름은 여치(呂雉)이며 여씨(呂氏)라고 불린다. 고조가 죽은 후 어린 아들 혜제(惠帝)가 제위에 오르고 태후가 되자 전횡을 휘두른다. 고조가 총애하였던 척(戚) 부인이 낳은 아들 여의(如意)를 죽이고 척 부인도 잔인하게 살해한다. 여후의 척 부인에 대한 잔악 행위에 충격을 받은 혜제가 일찍 죽자 여후는 혜제의 아들을 황제로 삼고 태황태후가 된다.

어린 황제가 어느 정도 커서 자신의 독립을 주장하기 시작하자, 그를 감옥에 가두고 또 다른 아들을 황제로 임명한다. 유씨 인사들을 하나하나 제거하고 대신에 여씨를 요직에 올려 여씨 천하를 만든다. 그러나 여후(呂后)가 죽은 뒤에 조정 대신들의 연합 세력에 의해 외척들은 몰살된다.

토사구팽

먼저 춘추 시대 말 이야기이다. 월왕 구천은 범려(范蠡)와 문종(文種)이라는 명신의 보좌를 받아 오왕 부차에게 승리하였다. 그러자 범려는 문종에게 영리한 토끼를 잡고 나면 그다음은 사냥개를 삶아 먹는다는 뜻을 아는가 물으면서 월왕 구천은 환난은 함께할 수 있으나 함께 안락을 누릴 인물은 못되니 벼슬을 버리고 떠나지 않는다면 불행을 면치 못할 것이라고 하면서 떠날 것을 충고하고 자신이 먼저 떠났다. 문종은 자신의 공이 높은데 그렇게 되지 않을 것이라고 하면서 남아 있었는데 결국 구천은 능력이 출중한 문종이 배반할까 염려하여 자결을 강요하여 죽인다.

세월이 흘러 한나라 때이다. 유방이 천하 제패를 한 데에는 군사 한신의 역할이 컸다. 그렇지만 한신이 독자 세력화를 할까 우려하여 잡아들였다. 이에 한신은 "교활한 토끼가 죽으면 좋은 개도 삶아지고, 높이 나는 새가 다 잡히면 좋은 활도 감춰지며, 적국을 무너뜨리면 지모가 있는 신하는 죽는다. 천하가 평정되었으니, 나를 삶아 죽이는 것도 당연하다."라고 탄식했다고 한다.

토사구팽(兎死狗烹)은 쓸모가 끝나면 버려진다는 뜻이다. 오늘날 정치 세계에서도 토사구팽 사례가 종종 생기고 있어 세상사의 비정함은 예나 지금이나 같다.

문경 치세

문제의 치적

국정을 전횡한 여후가 죽자 승상 진평(陣平)과 태위 주발(周勃)은 유씨 왕조를 부활하고 대왕(代王) 유항(劉恒)을 문제(文帝)로 옹립하였다. 문제는 한 고조 유방의 4남으로 이름은 항이다. 유항이 황제로 중신들에게 추대된 것은 그의 모친인 박씨(薄氏)가 심성이 어질고 그녀의 친정도 처신이 반듯했기 때문이다.

문제(文帝)는 봄철에 친히 적전(籍田: 종묘의 제사에 바치는 곡식을 농사짓는 전답)을 갈았으며 농사와 누에치기를 장려하였다. 각 지방 행정 관청에 명하여 농민이 농사지을 시기를 잃지 않도록 계몽 지도하고 가난한 농민에게는 오곡의 씨앗과 식량을 대여해 주고 농지의 조세를 반으로 감하여 고조가 정한 15분의 1세를 30분의 1세로 개정하였다.

자신의 생활에 대하여는 검소와 절약을 기본으로 삼았다. 문제는 자신의 묘를 쓸 때도 후장(厚葬)을 금하고 박장(薄葬)했으며 많은 백성의 동원을 피하기 위해 평지에 만든 대신에 산을 등지고 만들었다. 문제의 묘인 패릉(覇陵)은 자연적으로 형성된 산봉우리를 선정하여 산 가장자리에서 파고 들어가 묘도를 만들고 밑바닥에 지하 궁전을 조성하는 '인산위릉(因山爲陵)'의 시초이며 후대 황릉 조성에 큰 영향을 미치게 된다.

경제의 치적

경제(景帝)도 아버지 문제(文帝)의 유훈대로 백성들을 평안하게 다스려 경제가 활성화되어 각 군현의 정부 창고에는 식량과 동전이 꽉 차 있었다. 흉노에 대해서는 화친 제일주의로 나갔다. 변경 수비를 엄중히 하고 흉노가 가끔 변경을 침범해 약탈 행위를 하였지만 대규모 전쟁으로 비화되는 것을 막았다. 이 덕분에 국력의 소진과 재정의 고갈을 피할 수 있었다.

한편, 한 왕실은 강력한 중앙집권체제가 확립되지 않으면 언제든지 천하가 혼란스러워질 수 있기 때문에 지방 제후의 힘을 약화시키려 하였는데, 이러한 조치에 대한 제후 왕의 반발은 결국 경제(景帝) 시기에 오초칠국(吳楚七國)의 난(기원전 154년)이 일어난다. 이 반란은 정부군의 교묘한 전략에 의해 불과 3개월 만에 평정되었다. 이 싸움에서 제후에 대한 중앙 조정의 우위를 결정지어 황제의 권력이 강화되었다.

문경의 치

이처럼 문제(文帝)는 왕실과 조정의 권위를 바로 세우고 민생 안정과 국력 신장에 온 힘을 기울였고 그의 아들 경제도 선왕의 정책을 잘 지켜나가서 문제와 경제의 치세를 '문경지치(文景之治)'라 한다. 이는 후세 당나라 태종의 '정관지치(貞觀之治)' 및 현종의 '개원지치(開元之治)와 함께 황제의 칭호와 연호를 붙인 왕조의 번영 시대를 칭송하는 말로 전해지고 있다.

한양릉

서안함양(西安咸陽, 시안셴양) 국제공항은 서안 시내에서 약 1시간 거리에 있다. 이와 같이 멀리 떨어진 곳에 공항을 건설한 이유는 서안 인근에 유적지가 워낙 많아서다. 아이러니하게도 한양릉은 서안과 국제공항 사이의 고속도로를 건설하다가 발견된 경제(景帝)의 묘이다.

부장품들을 살펴보면 대부분이 실제 크기의 3분의 1 또는 4분의 1 크기로 제작돼 있다. 실물 크기로 제작할 경우 백성들의 고충이 너무 크다고 여겼기 때문이다. 다른 왕조와 비교해 소박함이 느껴진다. 순장이 행해지다가 진나라 때는 같은 크기의 토용으로 대체하고 한나라 때는 축소판으로 만들었는데, 한양릉에서 출토된 도용(도자기 형태로 제작된 인형)들은 50~60cm의 자그마한 크기이다.

한양릉에는 무희나 악사 등 예술과 관련된 도용이 많다. 대체로 황궁에서 필요로 하는 예술인이 많이 있지만, 서역과 서남 소수민족의 무용 또한 포함돼 있다. 사람 도용 외에 동물 도용도 다양하다. 또한, 생활용구 등 당시의 생활상을 엿볼 수 있는 부장품이 다수 발굴됐다. 한양릉은 최신 기술의 유리 벽과 유리 복도를 설치해 놓아 관람객들은 발밑의 유리를 통해 출토된 각종 도용(陶俑)과 출토 문물을 한눈에 볼 수 있다.

한양릉 도용

한 무제의 대외 확장

    한 무제(武帝)는 55년간 재위하면서 한나라의 전성기를 이끌었다. 후한의 반고(班固)는 『한서(漢書)』 무제기(武帝記)에서 그를 웅재대략(雄才大略)의 인물로 극찬하였다. 한 무제는 정치, 군사, 문화 등 다방면에 걸쳐 거대한 족적을 남겨 진시황, 당태종과 함께 중국 고대 제왕 3걸이라고 일컫는다.

    중국 역사상 한 무제만큼 좋은 여건에서 통치를 시작한 황제는 흔치 않다. 선대가 튼튼한 물적 토양을 만들어 주었기 때문이다. 재정은 오랜 기간 흑자를 기록했고 엄청난 세제 잉여금이 축적되었다. 변경의 혼란도 진정되었다. 오랜 휴식으로 나라 전체에 도약의 기운이 생동하였다.

무릉

무릉(茂陵)은 한 무제(漢武帝)의 능이다. 한나라 황제릉 중 최대 규모다. 높이 46.5m, 동서 길이 39.5m, 남북 길이 40.6m나 된다. 전한의 황제들은 즉위하면 바로 이듬해에 자신들의 무덤을 건설하기 시작하며 이에 대한 기록들은 한서 등 여러 사서에 건축 과정이 상세히 기록되어 나타난다. 한 무제가 재위한 53년간에 걸쳐 만들어졌으며 이렇게 황제가 살아생전에 만들어지는 능을 수릉(壽陵)이라고 한다.

전한 시대 황제릉은 11개가 있으며, 위수 북쪽에 9개가 위치하고, 두 개는 위수 남쪽에 위치한다. 그리고 각 황제릉 주위엔 황제의 충신들과 비빈, 황실 가족들의 무덤이 배장(陪葬)되어 있다. 곽거병(霍去兵), 위청(衞靑)의 묘와 흉노 태자 김일제(金日磾)의 무덤도 배장되어 있다. 김일제는 곽거병에 의해 토벌된 흉노의 태자로서 한 무제에게 끌려와 노예가 되었지만 그 총명함으로 무제로부터 김씨 성을 하사받아 결국 무제의 능침(陵寢)에 배총(陪塚)되는 영광을 얻었다고 기록되어 있다.

오늘날 무릉은 배장묘인 곽거병묘로 더 유명해졌다. 곽거병묘 주위에 흉노를 밟고 있는 말 석상인 높이 1.68m 길이 1.9m의 「마답흉노(馬踏匈奴)」 석상이 있기 때문이다. 힘차게 말달리며 활을 쏘고 있어야 할 흉노가 말 아래 깔린 채 벗어나려고 안간힘을 쓰는 모습을 보이고 있는데, 마답흉노 석상은 흉노를 정벌하였다는 상징성과 함께 흉노와 한나라의 관계 전환을 극명히 반영하고 있다.

1981년 무릉의 배장묘 가운데 하나인 평양(平陽)공주 무덤 남쪽에서 도금 청동 말이 출토됐는데 이것이 바로 한혈마를 모델로 한 것이라 추정된다. 평양공주는 무제의 누이이자 대장군 위청의 부인이다. 고고학자들은 이 도금 청동 말이 무제가 하사한 것으로 보고 있으며 곽거병 무덤 앞에 세워진 무릉박물관에 소장되어 있다.

마답흉노 석상

무릉박물관 내 도금 청동 말

이를 발판으로 적극적인 대외 정벌로 중국의 판도를 크게 넓혔다. 이때 확립된 중국 영토가 오늘날 중국인의 국토 관념의 기초가 되었다. 대외 정벌의 백미는 오랜 기간 적이었던 흉노와의 싸움이었다. 장건(張騫)의 서역 여행을 토대로 대장군 위청(衛靑)이 여러 차례 흉노 토벌에 나섰고 이어서 곽거병(霍去兵)이 주도하였다. 그러나 무리한 대외 정벌은 국고를 고갈시켰다. 그리고 무제의 말년은 무고로 점철되었다. 정적을 제거하기 위해 고변이 빈번했다. 재상의 절반 이상이 처형될 정도로 비정상적 사회가 되었다.

왕망의 찬탈

한나라는 왕망이 세운 신(新)의 건국과 멸망을 기준으로 전한과 후한으로 구분한다. 신 건국 이전의 한나라를 전한으로, 신 멸망 이후의 한나라를 후한으로 부르고 있다. 왕망은 전한 말기 권력의 실세로 등장한 외척으로, 중국 역사상 최초로 선양(禪讓)의 형식으로 왕위를 양도받았으나 사실은 역성혁명(易姓革命)을 통해 신 왕조를 건국했다.

신 왕조는 유교적인 이상을 내걸고 주나라의 정전제(丁田制)를 모방하여 왕전제(王田制)를 실시하고, 기존의 화폐를 없애고 '왕망전(王莽錢)'이라고 일컫는 화폐를 발행하는 등 개혁 정책을 폈다. 그러나 이로 인해 사회적 혼란과 불만이 팽배하였으며, 기근이 겹쳐 백성들이 도탄에 빠지자 각지에서 반란이 일어났다. 대표적인 것이 '적미(赤眉)의 난'인데, 눈썹을 붉게 물들였기 때문이다. 결국, 신(新)은 15년 만에 몰락함으로써 중국 역사상 가장 짧은 왕조라는 기록을 남겼다.

한 왕조의 부흥

　유수(劉秀)가 혼란을 수습하고 많은 제장의 지지와 민심을 얻어 광무제(光武帝)로 등극한다. 한 고조 유방의 9대손으로 경제(景帝)의 일맥인 광무제는 한 왕조의 부흥임을 분명히 했다. 우선 장안을 함락시킨 뒤에도 황폐한 장안으로 천도하는 대신 낙양을 그대로 도성으로 유지했다. 낙양이 장안의 동쪽에 있기 때문에 전한을 서한(西漢), 후한을 동한(東漢)이라고 부르기도 한다.

　광무제는 백성들의 고통을 누구보다 잘 이해한 황제였다. 애민정신과 군왕의 자질에 성실함을 겸비하였으며 훌륭한 치적으로 안정을 이루고 경제가 급속도로 발전하게 된다. 전한(前漢) 말과 왕망의 신(新) 나라를 거치며 피폐해져 전한 전성기에 약 6,000만 명에 달하던 인구가 2,000만 명 정도로 감소해 있었다. 이에 대한 대책으로써 우선 노비 해방과 대사면령을 실시하고 자유민을 늘려 농촌 생산력 향상과 민심 확보에 힘썼다.

　징병된 병사들을 귀농시켰고, 평소에는 농업 생산에 종사하다가 유사시에 군사로 동원하는 둔전병(屯田兵)을 운용하였다. 경지 면적과 호적에 대한 전국적인 조사를 시행하여 국가 재정을 확립했다. 왕망이 혼란시킨 화폐 제도는 한 무제 이후의 오수전(五銖錢) 주조를 다시 시작하여 화폐 제도도 정비하였다.

　창업 공신들에 대해서도 적절히 배려하였다. 흔히 토사구팽이라 하여 공신들을 무자비하게 숙청하거나 반대로 공신들을 지나치게 우대해 왕권이 약화되고 백성들이 도탄에 빠지는 악순환이 있는데 공신들을 죽이지 않고 공에 따라 토지와 식읍을 하사하는 큰 상을 내려 자신의 봉지로 내려가 편안한 여생을 살도록 배려를 해주었다.

빈천지교불가망 조강지처불하당
(貧賤之交不可忘 糟糠之妻不下堂)

가난하고 힘들 때 사귄 친구는 잊어서는 안 되며, 어려울 때 고락을 함께 한 아내는 내쫓아선 안 된다.

이는 광무제 때 송홍(宋弘)이란 대신이 황제에게 한 말이다. 송홍은 인물이 좋고 글 잘하며 인품이 뛰어난 신하였다. 한편 광무제에게는 일찍이 남편을 잃고 홀로 사는 '호양'이라는 누님이 있었는데, 이 호양공주가 송홍을 매우 사모하는 터였다. 이를 알아차린 광무제는 이 두 사람을 맺어주어야겠다고 생각하였다. 하루는 병풍 뒤에 누님을 숨겨두고 송홍에게 이렇게 넌지시 물어보았다. "사람이 높아지고 부유해지면 아내를 바꾸는 것도 흠이 되지 않는다고 합니다. 공(公)의 마음은 어떻소?"

그러자 송홍은 다음과 같이 말했다. "전하, 옛부터 가난할 때 사귄 친구를 잊어서는 안되며, 고생을 함께 한 아내를 버려선 안된다고 했습니다. 제가 이제 벼슬이 올라 부귀를 누린다고 해서 술지게미와 쌀겨를 함께 씹어 먹던 아내를 내칠 수가 있겠습니까?" 송홍의 의향을 확인한 광무제는 누님에게 송홍을 단념하라고 말했다고 한다.

삼국 정립 시대

후한 말기에 접어들어 환관들이 발호하면서 조정이 어려워지자 재정이 파탄되고 백성들은 도탄에 빠지면서 황건의 난이 일어나기 시작한다. 이때 원소, 조조 등 호족들이 군공을 세우고 때로는 대립하면서 위(魏)·

오장원 언덕에 오르면 위수 평원이 내려다보인다.

오(吳)·촉(蜀) 삼국 시대가 열리게 된다. 정사(正史)인 진수의『삼국지』에서는 조조를 한의 정통으로 보고 있지만, 나관중의 소설『삼국지연의』에서는 제갈량의 이야기와 유비의 정통성에 더 큰 비중을 두고 있다.

제갈량(諸葛亮)은 삼국 시대 촉을 이끈 명재상이자 전략가이며 유비(劉備)의 삼고초려에 응해 출사하였다. 유비가 관우를 죽인 오나라에 대한 복수전에 나섰다가, 이릉(夷陵)에서 참패하고 백제성(白帝城)에서 죽은 후 제갈량은 국정의 전반을 책임지게 된다. 제갈량은 패전의 수습과 오와의 동맹 재건, 그리고 맹획의 칠종칠금으로 유명한 남만(南蠻) 경영을 통해 정권을 안정시켰다.

이러한 내적 정비를 바탕으로 한실 부흥(漢室復興)이라는 기치를 내걸고 위나라 공격에 나서게 되며, 후주(後主)인 유선(劉禪)에게 북벌을 위한 출사표를 올린다. 이 글을 읽고 울지 않은 이가 없다 할 정도로 빼어난 문장과 나라에 대한 애국심, 그리고 죽은 선제 소열제 유비에 대한 충성심이 담겨 있는 글이다.

제갈량은 처음에는 주로 한중(漢中)에서 기산(祁山)으로 출병하여 천수(天水)로 돌아 보계(寶鷄)를 통해 관중을 공략하려 했으나 번번이 막히자, 나중에는 한중에서 곧바로 진령산맥을 넘어 관중을 공략하는 전략을 구사하였는데, 그 장소가 '오장원(五丈原)'이다. 서안에서 서쪽으로 약 150km 떨어진 곳에 있다. 동서로 1km, 남북으로 5km, 높이 120m 정도 되는 좁고 기다란 고지이다. '오장원'은 '오십장원(五十丈原)'을 줄여서 부르는 이름이라고 한다. 평지에서 이곳까지의 높이가 오십장(五十丈)이라는 것이다.

언덕 북쪽으로는 위수(渭水)강이 흐르고 오른쪽인 동쪽으로는 사수(斜水)강이 흐른다. 남쪽으로는 태백산을 등지고 있고, 지대는 주변보다 높아서 경계와 조망에 유리해 원정군의 주둔지로는 안성맞춤이다. 제갈량은 바로 여기 오장원에 진을 치고 아래 강 건너 진을 친 사마의(司馬懿)의 영채를 바라보며 대치했다. 그러나 제갈량은 진중에서 병사하였으며 유언에 따라 한중(漢中)에 묘를 세웠다. 한중에는 제갈량 묘 이외에도 서역을 개척한 장건(張騫), 한나라 한신(韓信), 장량(張良) 등 명인들의 묘가 많다.

오장원 제갈량 의관총

#5
수 · 당 시대

수나라

제갈량과 지략을 다투었던 사마의(司馬懿)가 세력을 키우더니 손자 사마염(司馬炎) 대에 위나라를 대체하여 진(晉)을 세우고 통일하여 삼국 시대가 막을 내린다. 그러나 얼마 안 가 진나라 왕실이 혼란한 틈을 타서 북방 이민족들이 침입하여 5호 16국 시대와 남북조(南北朝) 시대라는 혼란기에 접어든다.

양견(楊堅)이 581년에 북주(北周)를 무너뜨린 후 수(隋)나라를 세우고 양나라와 진나라를 정벌하여 589년 남북조를 통일하였다. 수(隋) 문제(文帝)는 400여 년 동안 지속된 중국 대륙의 혼란기에 종지부를 찍은 명군으로 평가받는다. 이어서 둘째 아들인 광(廣)이 제위에 오르니 그가 바로 양제(煬帝)이다. 양제는 황제가 되기 위해 병이 든 아버지 문제를 죽였다고도 전해진다. 양제는 토목 사업을 크게 일으켰는데 중국을 남북으로 잇는 대운하를 팠다. 양제는 고구려를 원정했다가 패배하여 국력이 기울게 된다. 대토목 사업과 거듭된 전쟁으로 경제가 몹시 어렵게 되었고 사회가 혼란스러워졌다. 이 와중에 양제는 부하인 우문화급(宇文化

及)에게 살해되었으며 결국 수나라는 618년에 당나라의 고조인 이연(李淵)에게 멸망한다.

당 태종의 정관의 치

황태자 이건성(李建成)은 막내 이원길(李元吉)과 연합해 차남 이세민(李世民)을 축출하려고 하였다. 이를 사전에 파악한 이세민은 태극궁(太極宮)의 북문인 현무문(玄武門)의 수비대장을 매수하여 현무문을 들어오는 이건성과 이원길을 살해하고 실권을 장악한 후 즉위하여 태종(太宗)이 된다. 이것이 '현무문의 변'으로 불리는 정변(政變)이다.

태종은 수나라의 균전제(均田制)를 시행하여 민생 안정에 힘쓰고 조용조(租庸調), 부병제(府兵制)를 개선하여 효율적인 통치 체제를 마련하였다. 신하들의 간언을 받아들여 정치에 반영하였는데, 특히 충직한 위징(魏徵)의 의견을 거울로 삼아 사심을 누르고 공정한 정치를 위해 힘썼다.

태종의 치세는 '정관(貞觀)의 치(治)'라 칭송받았고 후세 제왕의 모범이 되었다. 태종이 추구했던 정치 사상과 통치 방침은 『정관정요(貞觀政要)』라는 책에 기록되어 전해 내려온다. 이 책은 태종과 신하들이 어떻게 하면 통치를 잘 할 수 있는가를 토론한 기록이다.

소릉

당 태종과 문덕황후의 능묘인 소릉(昭陵)은 '당18릉(唐十八陵, 당나라 18명 황제의 무덤)' 중 규모가 가장 크며 산을 능묘로 하고 있다(因山爲陵). 중국에서 '인산위릉(因山爲陵)'의 시초는 한나라 문제의 묘인 패릉(霸陵)이다. 문덕황후가 임종 전에 "내가 죽으면 검소하게 장례를 치러 묘실을 별도로 만들지 말고 산을 봉분으로 쓰라."고 하여 당 태종은 구준산(九峻山)에 능을 축조했으며 당조의 황릉 양식의 선례가 되었다.

소릉은 당시의 장안을 본떠서 조성했다. 장안성에서 황성 위치와 맞먹는 능원의 가장 북쪽에 위치한 구준산(九埈山) 중턱 지하에 묘실을 조성하고 지상에 둥글게 성을 쌓았다. 사서의 기록에 의하면 묘실을 만들 때 400m 길이의 잔도를 팠고 문덕황후가 묻힌 뒤 태종이 묻히기까지 묘실과 잔도가 열려 있었고 태종이 합장된 다음 잔도를 제거하고 묘실을 봉했다고 한다.

소릉에는 180여 기의 배장묘가 있는데, 당 초반의 왕족과 공주, 태자는 물론이고 큰 공을 세운 신하도 묻혀 있다. 1970년대부터 고고학자들은 장락(長樂)공주 묘를 망라해 40여 기의 부장갱을 발굴하고 출토된 문화재를 전시하기 위해 소릉박물관을 만들었다.

소릉

서예 작품, 조각물, 그림, 묘지석의 비문 등은 다양한 품격을 유지하고 발전한 당 초반의 예술을 잘 보여준다. 붉은 도자기와 채색 테라코타, 금박을 칠한 무관 테라코타, 날아갈 듯한 몸매의 시녀 벽화, 춤을 추는 악사 벽화 등이 당조의 시대상을 잘 구현하고 있다.

소릉에서 당 태종 이세민이 천하를 누비면서 탔던 여섯 필의 말 부조 '소릉육준(昭陵六駿)'이 출토되었는데 높이가 2.5m, 너비가 3m의 청석에 하나씩 조각되어 있다. 다양한 모양의 말을 새긴 조각은 모양이 생생하고 무늬가 심플하면서도 힘 있게 보인다. 현재 네 개 필마는 서안비림박물관에 보관되어 있고, 나머지 두 개는 1914년에 미국으로 반출돼 현재 펜실베이니아대학에 소장돼 있다.

소릉 육준 부조

중국 역사상 유일한
여 황제 측천무후

    측천무후 이름은 무조(武照)로 14세가 되던 해 태종의 후궁 무수리로
입궁한다. 태종이 사망하자 곧 전례에 따라 비구니가 되었다. 고종 이치
(李治)의 왕자 시절에 눈이 맞았던 무조는 고종의 황후 왕씨와 고종의 애
첩 소숙비(蘇淑妃) 사이의 불화를 이용하여 다시 입궁에 성공하고, 이어
서 갖은 모함으로 왕 황후와 소숙비를 제거한다. 무조는 자식이 없는 왕
황후가 공주를 예뻐하여 공주의 방에 자주 들르는 것에 착안하여 자신이
나은 공주를 몰래 죽여 놓고 왕 황후의 소행으로 모함하였다.

    측천무후는 자신의 장자 이홍(李洪)을 황태자로 올렸다. 그런데 총명
하고 관료들의 신임이 높은 이홍이 황제가 되면 자신의 권력이 위태롭게
될 것을 걱정하여 폐위하고 사사한다. 차자 이현(李賢)이 다음 황태자로
오르지만, 이 역시 마찬가지로 폐위시키고 핍박하여 자살하도록 만든다.
측천무후는 다시 셋째 아들 이현(李顯)을 태자로 삼아 중종으로 제위에
올리지만 중종의 아내, 즉 며느리 위(韋) 황후가 자신처럼 세력이 높은
태후가 되려는 꿈을 꾸고 있음을 알게 되자 중종을 폐위시킨다.

    그리고 막내아들 이단(李旦)을 예종으로 제위에 올렸다가 이마저 폐위
하고, 690년에는 국호를 주(周)로 개칭하고 스스로 황제라 칭하며 중국
역사상 유일한 여제(女帝)가 되었다. 측천무후는 82세가 돼 와병하게 됐
고 이 기회를 틈타 재상 장간지(張柬之)가 당으로 복귀할 것을 요구하여
중종(中宗)이 복위한다.

건릉

61국인 석상

건릉

중국 역사상 유일한 여자 황제 측천무후와 남편인 당 고종이 합장되어 있는 무덤이다. 진시황릉과 더불어 중국 고고학계의 2대 프로젝트이다. 평지에 능을 만들지 않고 해발 819m의 양산(梁山)을 파서 혈(穴)을 만들어 능으로 삼았다(因山爲陵). 규모가 거대하고 매장품이 풍부한 것으로 보고 있다. 건릉 입구에서부터 1km 이상 길게 이어진 대로 양쪽에는 대신 석상과 갖가지 영물(靈物)의 석상이 건릉을 호위하듯 위풍당당하게 세워져 있다.

이어서 고종의 공덕비인 '술성기비(述聖記碑)'와 측천무후의 공덕비인 '무자비(無字碑)'가 있다. 술성기비는 당 고종의 생애와 통치 기간의 '문치무공'에 관한 것이며, 글자를 처음 새겼을 때에는 금가루를 사용하였기 때문에 능묘 주위가 반짝거렸다고 한다. 당나라 사람들은 서성(書聖) 왕희지 서체를 매우 좋아했는데, 고종과 측천무후도 왕희지 서체에 심취하여 직접 베껴서 쓰거나 잘 쓴 모사본을 수집하기도 하였다. 술성기비에 기록된 고종의 임종 전 유언을 보면 고종이 소장한 서예를 모두 묘지에 넣어 달라고 했다. 그래서 건릉 지하궁전에 '천하제일행서'라는 수식어가 붙은 왕희지의 『난정서(蘭亭序)』가 묻혀 있지 않을까 추측되고 있다.

측천무후 비에는 아무것도 적혀 있지 않다고 하여 '무자비'라고 하는데, 측천무후가 죽기 직전에 자신의 묘비에 아무런 글자도 남기지 말라는 유언을 남겼기 때문이라고 하지만, '무자비'에 글자가 없는 이유에는 세 가지 설이 있다.

첫째는 측천무후 스스로가 자신의 공덕이 너무 커서 비석에 다 적을 수 없으므로 비워두라고 했다는 설과 둘째는 자신이 죽은 후 후세 사람들이 알아서 쓰라고 했다는 설, 그리고 셋째는 측천무후에 의해 몇 번이나 죽을 고비를 넘겼던 중종(中宗)이 모친임에도 불구하고 한이 남아서 공덕비를 써주지 않았다는 설이다. 측천무후 사후 당의 정치 상황은 매우 복잡하게 전개되었다. 당시 조정의 형세가 중종이나 예종이 그들의 생모 측천무후에 대한 공적을 평가하여 비에 기록하기에는 어렵게 돌아갔을 것으로 추측된다.

술성기비

무자비

119

건릉(乾陵)은 묘도(墓道)를 찾지 못하여 1,000여 년 동안 전혀 손을 댄 적이 없다고 한다. 당 말기 황소(黃巢)는 40만 대군을 동원하여 40여m 의 깊은 고랑을 파냈으나 묘 입구에 이르지 못하고 그만둘 수밖에 없었다. 1960년 농민에 의해 우연히 측천무후의 묘도 입구가 발견되고 건릉발굴 위원회(乾陵發掘委員會)가 성립되어 발굴을 준비하기도 하였으나, 훼손을 우려하여 본격적인 발굴은 하지 않고 있다. 당시 국무원 총리 주은래(周恩來, 저우언라이)가 우려를 표하여 발굴 작업이 중지되었다고 한다.

고고학자들이 주봉에서 수직으로 건릉 지궁 일부를 탐사한 결과와 건릉 부근의 배장묘 일부를 발굴한 바에 의하면 건릉 묘실의 구조는 묘도 (墓道), 과동(過洞), 천정(天井), 전후 통도(前後 通道), 좌우 궁전(左右 宮殿) 으로 구성되어 있다. 왼쪽에는 당 고종이 누워 있고 오른쪽에는 측천무후 가 누워 있다.

건릉 주작문 앞 동서 양쪽에는 61번신석상(六十一蕃臣石像)이 있다. 왕 빈상(王賓像)이라고도 부른다. 당시 당나라에 오가던 사신들의 모습을 새 긴 것으로 추정된다. 고종과 측천무후 시대에 대외 관계에서 이룩해 놓은 업적을 널리 알리기 위해서 조성되었다고 볼 수 있다. 지금은 머리도 다 잘려져 훼손되어 있는 상태다. 신라인으로 추정되는 석상도 있다.

한편, 건릉에는 배장묘가 많이 있는데, 그중에서 장회태자(章懷太子) 이 현(李賢)의 묘와 영태(永泰)공주의 묘에서 수준 높은 벽화가 발굴되어 유 명해졌다.

당 현종 개원의 치

이융기(李隆基)는 권력을 찬탈하려는 중종의 위황후(韋皇后)와 그 딸 안락공주(安樂公主) 일당을 제거한 뒤 아버지 예종(睿宗)을 제위에 옹립하고 자신은 황태자가 되어 실권을 잡았고, 28세에 마침내 예종의 양위로 즉위하여 현종이 되었다. 당시 상당한 권세를 가졌던 태평공주(太平公主) 일파도 타도하여 측천무후 이래 반세기에 걸친 부인의 정권 개입을 근절시킨 새로운 전기를 마련하였다.

요숭(姚崇), 송경(宋璟), 한휴(韓休), 장구령(張九齡) 등 명상의 도움을 얻어 국사를 처리하였다. 당 태종의 위징(魏徵)처럼 한휴는 직언을 서슴지 않았다. 잔소리가 심한 한휴에 대해 신하들이 왜 내치지 않느냐고 묻자 현종은 "한휴 때문에 짐은 마르더라도 천하와 백성들이 살찌면 아무 여한이 없다."라는 유명한 말을 하였다. 현종이 재위 초기에 얼마나 정치에 전력을 쏟았는가를 보여 주는 대목이다.

균전제를 실시하고, 조운(漕運) 개량과 둔전(屯田) 개발 등으로 경제를 충실히 하였으며, 동돌궐, 토번, 거란 등의 국경지대 방비를 튼튼히 하였다. 이로써 수십 년간 곡식이 풍족하고 음식이 넘쳐 나는 태평천하를 구가하게 되었는데, 현종의 연호 개원(開元)을 따서 '개원의 치'라고 한다.

안사의 난

그러나 현종은 양귀비를 맞은 후 정치는 관심을 두지 않는 황제로 변한다. 무혜비(武惠妃)가 죽은 후 실의에 빠진 황제에게 18번째 왕자인 수왕(壽王)의 비(妃)가 아름답다고 진언하는 자가 있었는데, 현종이 온천궁(溫泉宮)에 행차한 기회에 총애를 받게 되었다고 한다. 수왕의 저택을 나와 태진(太眞)이란 이름의 여도사(女道士)가 되어 세인의 눈을 피하고 27세 때 정식으로 귀비(貴妃)로 책립되었으며 현종의 마음을 사로잡았다. 현종은 양귀비에 빠져 국정을 포기하다시피 하고 권신 이임보(李林甫)가 대신 맡아 보게 하였다.

양귀비의 친인척들이 관직에 대거 등용되었으며 이때 등용된 양귀비의 6촌 오빠 양소가 현종에게서 '국충(國忠)'이라는 이름을 하사받았다. 양귀비는 안록산을 총애하여 현종으로 하여금 안록산을 높은 지위에 등용케 하였다. 그러자 양국충과 안록산 사이에 갈등이 생기고 양국충은 안록산의 세력이 커지는 것에 위협을 느껴 제거하려 했다. 이를 눈치챈 안록산이 난을 일으켜 장안까지 쳐들어오게 된다. 현종은 안록산(安祿山)의 난이 일어나자 촉(蜀) 지역으로 몽진하였으며, 황위를 아들 숙종에게 양위하였다.

당 조정군의 반격과 반란군 내부 암투로 인해 안록산과 그의 부장 사사명(史思明)이 주도한 '안사(安史)의 난'은 끝났지만 당나라는 극도로 피폐해져 옛 영광을 회복할 수 없었다. 당 말기에는 환관들이 세력을 키우고 보수적인 전통 문벌귀족과 지주 세력의 신흥 관료가 주도권을 얻기

양귀비 묘

위해 대립함에 따라 국정이 더욱 혼란스럽게 되었다. 각지에서는 크고 작은 반란이 끊이지 않았으며 대표적인 것이 '황소(黃巢)의 난'이다. 한 때 황소의 부장이었던 주전충(朱全忠)이 황소를 배신하여 난을 진압한 후 권력을 잡아 애제(哀帝)를 폐위시키고 황제의 자리에 올라 국호를 후 량(後梁)이라 함으로써 당의 역사는 끝나게 된다.

양귀비 묘

현종은 양귀비가 즐겨 먹는 여지(荔枝)를 머나먼 남방에서 가져오게 하는 등 양귀비가 원하는 모든 것을 누리게 해주었다. 여지 맛에 반한 양귀비는 5월이면 현종을 채근했다. 황제는 상하기 쉬운 여지를 손에 넣기 위해 날랜 말과 기수를 보내 빨리 운반하도록 명령했다. 여지의 고장 광동에서 도성인 장안까지는 2천km가 넘는다.

안록산의 난이 나자 현종과 양귀비는 피난길을 떠났는데 중간에 '마외파(馬嵬坡)'라는 곳에서 발목이 묶인다. 성난 군중들과 호위 병사들이 나라를 망친 양귀비와 그 일족을 처벌하라고 시위한다. 결국, 양귀비는 목매 자결하고 현종은 시체를 수습해 인근에 장사지냈다. 양귀비의 나이 38세였다. 지금의 묘는, 시신은 어디 있는지 알 수 없고 유품을 수습하여 만든 것이라고 한다.

양귀비 묘는 봉분이 벽돌로 둘러싸여 있다. 여기에는 재미있는 일화가 전한다. 인근에 살던 얼굴이 못생겨 시집조차 못 간 아가씨가 살고 있었는데, 어느 날 양귀비 묘에 와 얼굴을 묻고 울다 집에 돌아가 얼굴에 묻은 봉분의 흙을 닦자 아름다운 얼굴로 변했다. 이 소문이 돌자 너도나도 양귀비 묘의 흙을 파다 바르기 시작했으며, 이로 인해 봉분이 사라질 것을 염려하여 관청에서 묘를 벽돌로 둘렀다고 한다.

양귀비의 과일로 유명한 여지

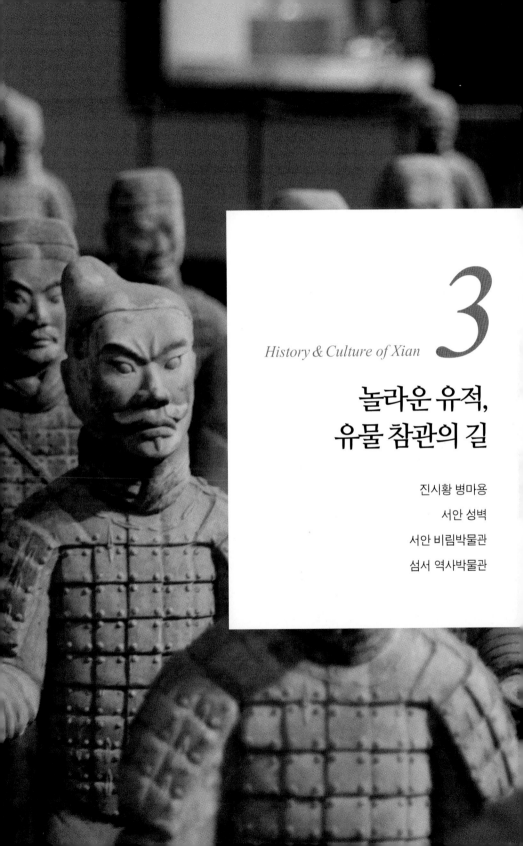

History & Culture of Xian

3

놀라운 유적,
유물 참관의 길

진시황 병마용

서안 성벽

서안 비림박물관

섬서 역사박물관

#1
진시황 병마용

병마용의 발견

　병마용은 1974년 서안 외곽의 시골 마을에서 가뭄을 해갈하기 위해 우물을 파던 농부들에 의해 발견된 도용(陶俑) 조각을 통해 세상에 알려지게 되었다. 2,200여 년 동안 긴 잠을 자던 진나라 병마 대군은 땅속으로부터 깨어나 치솟아 올랐고, 아득히 멀고 신비한 제국인 진나라의 역사가 부활하여 생생히 전해지고 있다.

병마용

병마용은 진시황릉으로부터 동쪽으로 1.5㎞ 떨어진 곳에 있으며, 진시황의 무덤을 지키기 위해 주변 지하에 만들어졌다. 세계의 8대 경이 중의 하나로 꼽히며, 이집트에 가면 피라미드를 보아야 하듯이 서안에 오면 반드시 병마용을 보아야 할 정도로 경탄을 자아낸다. 병마용의 존재는 진시황제의 강력했던 권력을 상징하는 것으로 최초로 중국을 통일하고 스스로 황제라 칭하면서 강력한 중앙집권 정치를 폈었던 진나라의 황제이기에 가능했을 것이다.

대군이 집결하고 명령을 기다리고 있는 거대한 장면의 형상화를 통해 백만 대군이 있었던 진나라의 군사력과 진시황 친위군단의 강력한 위용을 보여주고 있다. 중국 고대 병종의 배치 및 장비 병력, 전략과 전술을 이해하고 갑옷·무기 등의 연구에 중요한 자료를 제공하고 있다. 또한, 병마용 도용들은 모습이 서로 다르며 하나하나가 모두 훌륭한 예술품으로 평가되고 있다.

병마용 제작 방식

병마용 도용(陶俑)은 대개 네 단계 과정을 거쳐 만들어졌다. 가장 먼저 태토를 가지고 병마용의 부분을 만든다. 사람은 크게 얼굴, 몸통, 손, 발과 다리로 이루어진다. 다리 부분은 대부분 동일한 형태로 같은 틀을 사용하여 대량 생산한 것으로 추정된다. 도용은 무게 중심을 잡아 세우기 위해 머리, 몸통 부분은 속을 비게 가볍게 만들고, 다리 부분은 빈 부분이 없이 좀 더 퉁퉁하게 통으로 만들었다. 말은 몸통, 머리, 목, 귀, 사지, 꼬

정교한 병마용

장군용

리로 이루어진다. 이렇게 각 부분을 결합시켜 병용과 마용을 완성한다. 그다음 이들 용(俑)에 채색을 한다. 다음은 고온에서 이들을 구워내는 일이다.

도용의 크기는 1.75～1.96m이고, 말은 높이 1.5m, 길이 2m로 실물보다는 조금 크게 만들어졌다. 병마용은 살아 있는 듯한 모습으로 제작되었으며 원래 색깔이 칠해져 있었다. 발굴 과정에서 햇빛에 노출되자 불과 몇 시간 만에 색이 바래 버렸지만 청, 황, 홍, 녹, 갈색에 흑백이 결합된 하나의 예술 작품이었다. 그리고 가까이에서 보면 신발 바닥과 손금, 머리카락까지 정교하게 만들어져 있다는 것을 알 수 있다.

병사들은 겉옷만 입은 것과 겉옷 위에 갑옷을 입은 병사로 구분되어 있다. 계급에 따라 모양과 풍채, 견장들도 다르며, 신분에 따라 장군용, 장교용, 사병용으로 나눠진다. 병사용은 맡은 임무에 따라 궁병, 노병, 보병, 기병으로 나누어진다. 궁병과 노병은 활과 쇠뇌를 사용해 멀리 있는 적을 사살하며 군진의 맨 앞에 서서 적과 싸운다. 노병은 무릎을 구부리고 쏘는 노병과 서서 쏘는 노병으로 나누어진다. 보병은 창, 검, 극으로 무장을 하고 백병전을 벌인다.

한편, 본래 병마용갱 위에는 회랑식 건축이 있었으나 불타 없어졌다고 한다. 병마용 곳곳 중간 차단벽에는 검게 그을린 자국이 있는데, 이것은 항우군이 불을 지른 자국이라고 한다. 도용들의 손에 병장기가 들려 있지 않은 것은 항우의 군대가 병마용갱을 파헤치는 과정에서 도용들의 실제 병장기를 자신들의 무기로 재사용하기 위해 수거했기 때문인 것으로 전해진다.

장교용

병마용 갱별 역할

1호갱

　병마용갱 중에서 규모가 가장 큰 1호갱은 길이 230m, 넓이 62m, 총 면적이 14,260㎡ 되는데 6,000여 점의 도용과 도마 및 40여 점의 전차가 공동으로 동서 방향으로 장방형의 진형을 구성하고 있다. 1호갱의 앞부분이 어느 정도 복원되어 제모습을 갖추고 있다면, 뒷부분은 아직도 수습과 복원이 이루어지고 있다. 갱내 병마용들은 동쪽을 바라보며 줄을 지어 정렬하여 있다. 이것은 뒤쪽의 진시황릉을 배경으로 동쪽에 있는 6국을 응시하는 형태이다.

　1호갱의 군진을 보면 보병이 중심이지만, 말과 전차가 일부 편성된 군단임을 알 수 있다. 가장 앞에 선봉군이 있고 가운데 중군이 있다. 선봉군은 손에는 강궁대노(强弓大弩)를 들고 있으며, 좌우로 긴 3열 횡대 형태를 취하면서 앞으로 전진한다.

1호갱 병마용

선봉군 뒤 중군의 개개 부대는 3m 높이의 토담 안에 4열 종대로 서 있다. 각 열마다 병사들이 서 있고 4필의 말이 끄는 마차가 배치되어 있다. 도용들은 갑옷을 입고 손에 창과 칼 등 무기와 화살을 들고 있는 기갑무사로 전차와 함께 유기적인 군 진형의 주력을 형성하고 있다.

남쪽과 북쪽가의 도병들은 남쪽의 병사는 남쪽을, 북쪽의 병사를 북쪽을 바라보며 서 있는데, 이들은 좌우 수비군으로 좌우익을 형성하여 적이 측면에서 공격하는 것을 막아준다. 군단의 후방을 담당하는 후위군은 적의 배후 기습을 방지하는 기능을 한다. 1호갱 도용들은 대부분이 갑옷을 입고 손에 창, 긴 창, 극(戟) 등의 병기 및 궁노 등을 들고 있는 것으로 보아 대체로 중장비 주력 부대임을 알 수 있다.

2호갱

1976년 4월, 1호갱의 동북쪽 20m 정도 떨어진 곳에서 2호갱이 발견되었다. 동서 길이가 124m, 남북 길이 98m, 면적이 약 6,000㎡이다. 탐사와 발굴 자료에 따르면 2호갱에는 병마용이 1,300여 점, 나무 전차가 80여 승이 있을 것으로 추산된다. 이 갱은 보병과 기병, 궁노수, 전차 등 여러 가지의 병종으로 혼합적으로 편성된 곡자형 군 진형이다.

이 진형은 네 개의 진형으로 구성되어 있는데, 첫째는 진형의 맨 앞에 있는 궁노수 330여 명으로 구성된 궁노수 진영이다. 약 160명의 궁노수들이 두꺼운 갑옷을 입고 무릎을 꿇고 앉아 8열 종대로 진형의 중심에 자리 잡고, 나머지 170여 명의 도용이 전투복을 입고 서서 바깥 둘레에 자리 잡고 있다.

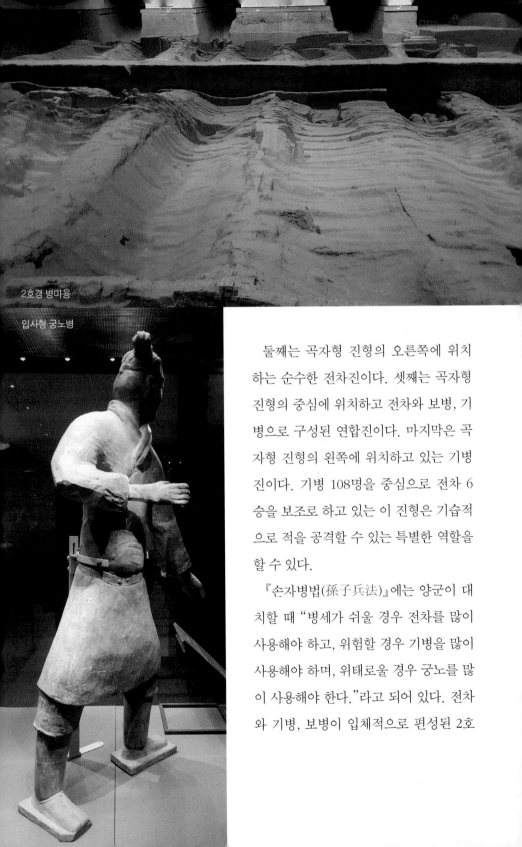

2호갱 병마용

입사형 궁노병

　둘째는 곡자형 진형의 오른쪽에 위치하는 순수한 전차진이다. 셋째는 곡자형 진형의 중심에 위치하고 전차와 보병, 기병으로 구성된 연합진이다. 마지막은 곡자형 진형의 왼쪽에 위치하고 있는 기병진이다. 기병 108명을 중심으로 전차 6승을 보조로 하고 있는 이 진형은 기습적으로 적을 공격할 수 있는 특별한 역할을 할 수 있다.

　『손자병법(孫子兵法)』에는 양군이 대치할 때 "병세가 쉬울 경우 전차를 많이 사용해야 하고, 위험할 경우 기병을 많이 사용해야 하며, 위태로울 경우 궁노를 많이 사용해야 한다."라고 되어 있다. 전차와 기병, 보병이 입체적으로 편성된 2호

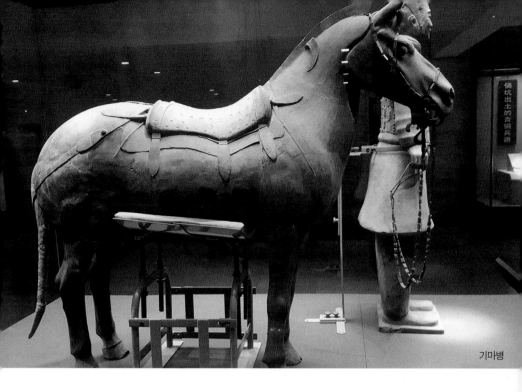

기마병

갱은 이러한 용병 원칙을 생동적으로 나타내고 있다. 1호갱이 일반 주력 부대라면 2호갱은 주력 부대를 보조하는 기동력 있는 부대일 것으로 추정된다.

3호갱

1976년 5월에는 1호갱 북서쪽에서 25m, 2호갱 동쪽에서 120m 떨어진 지점에서 약 500㎡ 크기의 3호갱이 발견되었다. 3호갱은 군사 지휘부로 추정되는데 지휘부에 해당하는 군막(軍幕)으로 볼 수 있다. 동쪽 입구에 비탈진 통로가 있고 들어가면 전차가 배치되어 있는 차마방이 있다. 가운데는 네 마리의 말이 끄는 지휘부 마차가 배치되어 있다. 차마방의 좌우 양쪽에 각각 남북 방향의 회랑이 있고 회랑의 끝은 곁채와 연결되어 있다.

3호갱 무사병용들은 전투병이 아니라 호위병이다. 이들은 의장용 병기를 들고 요(凹)자형의 양옆에 2열 또는 3열로 마주보고 정렬되어 있다. 그리고 전쟁 제사용 사슴뿔과 짐승뼈, 청동환 등이 출토되었다. 1호갱, 2호갱, 3호갱을 종합적으로 보면 진나라 부대의 품격과 면모를 이해할 수 있다. 천하에 위세를 떨쳤던 진시황의 백만 대군을 느끼지 않을 수 없게 된다.

동거마

진시황릉 서북쪽에서 1980년 12월에 동마용과 동용이 딸린 두 승의 대형 채색 청동 거마가 발견되었다. 문헌의 기록에 의하면 진시황은 통일 이후 잇따라 다섯 번의 전국적인 순행을 진행했으며, 그 의장대와 마차의 행렬이 위풍당당했다. 동거마는 부장품으로서 망혼이 순찰하는데 사용되는 것으로 상정하여 만들어졌다. 동거마, 동마, 마부 도용의 크기는 실물의 절반 정도이다.

3호갱 병마용

1호 동거마

2호 동거마

출토 시 거마의 배열 순서에 따라 각각 1호차와 2호차로 불린다. 1호 동거마는 길 안내용으로 네 마리의 말이 끌고 있다. 햇빛을 가릴 수 있도록 우산이 꽂혀져 있다. 2호 동거마는 진시황의 영혼이 타고 다닌다는 것인데, 1호 동거마와 마찬가지로 네 마리의 말이 끌고, 마부 한 사람이 말을 이끌며, 진시황은 가마처럼 생긴 장막 안에 탄다.

상나라와 주나라는 중국 고대 청동기의 전성시대이며, 그 후 철기가 많이 나타나기 시작하면서 진나라 시대에는 청동 문화는 쇠퇴했으나, 진시황 청동 거마의 출토는 진나라 청동 문화의 수준을 새로운 안목으로 보게 하고 있다. 이는 중국 청동 시대 말기의 최고봉으로 고대 청동 기술을 집대성한 것으로 평가되며, 전 세계 청동기 유물 중 가장 큰 것으로 세계 야금(冶金) 역사를 새로 써야 할 대발견이라는 의의를 지니고 있다.

#2
서안 성벽

당나라 시기 성벽

수나라 때 대흥성(大興城)과 외곽성을 지으며 도시의 기본 체계가 형성됐다. 618년 당나라는 대흥성을 장안성(長安城)이란 이름으로 바꿨다. 100만 명이 살 수 있을 정도로 성곽을 넓게 쌓았다. 남북 8.6㎞, 동서 9.7㎞, 둘레 길이 36.7㎞, 면적 84㎢의 장방형 성곽으로 동남 모서리만이 남으로 돌출되어, 동은 부용원(芙蓉園), 서는 곡강지(曲江池)였다. 북쪽은 성벽에 연하여 중앙부에는 궁성이 있고, 그 남쪽에 황성(정부관청)이 있었다.

장안성은 동서남북으로 4개의 성문이 있었는데, 각각 장락문(長樂門), 안정문(安定門), 영녕문(永寧門), 안원문(安遠門)이라는 이름이 붙어 있고 사용되는 용도가 달랐다. 동문인 장락문은 각 지방에서 올라온 각종 곡식이나 생필품과 같은 황제에게 바치기 위한 공물들이 들어오는 문으로 사용되었다.

안정문에는 서쪽 변방을 안정시킨다는 의미가 담겨 있다. 옛날 실크로드를 향해 열려 있던 문, 상인들이 낙타를 타고 오가던 문이 바로 안정문

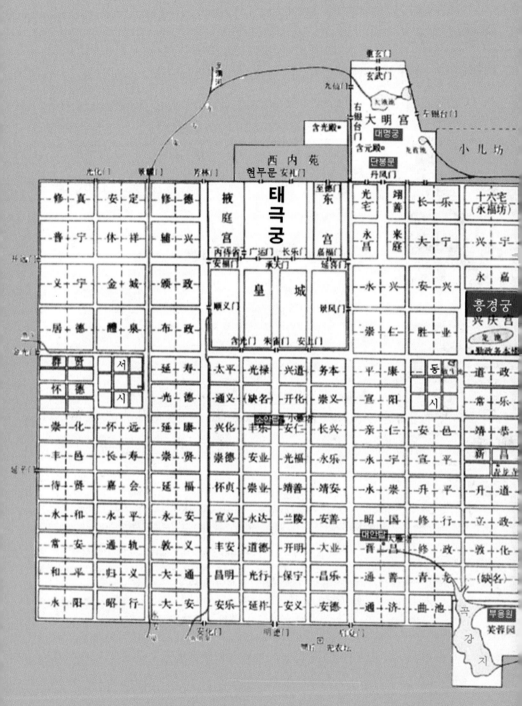

당나라 장안성

이다. 남문인 영녕문에서는 자은사의 대안탑, 동악묘, 종루, 고루가 보이며 황제만이 이 문을 사용했다. 현장법사가 인도에서 불경을 가지고 왔을 때 황제가 직접 이 문을 통해 나가서 맞이했다고 전해진다. 안원문은 사절단이 오고가는 문으로 이용된 문이었다.

장안의 중축선은 주작대로였다. 황성(皇城)의 남문인 주작문(朱雀門)에서 외곽성의 남문인 명덕문(明德門)을 잇는 길이다. 이 주작로를 경계로 동서로 나누어 동쪽을 좌, 서쪽을 우로 하였던 것이다. 경호를 담당하는 금오위(金吾衛)가 양쪽에 있고, 시장도 동시(東市)와 서시(西市)로 각기 설치되었다.

궁성 구역에는 태극궁(太極宮)을 중심으로 동궁(東宮)과 액정궁(掖庭宮)이 있었다. 당 태종 때 동북의 성 밖에 대명궁(東內), 당 현종 때 성안의 동쪽에 흥경궁(南內)이 설치되고 태극궁(西內)과 합하여 '3대내'라 불렀다. 현종은 황태자 시절 흥경방(興慶坊) 저택에 살았고 즉위하고 나서도 그곳이 마음에 들어 흥경궁으로 개축하였다. 현종 시기에는 흥경방이 정전(正殿)으로 당의 정치 중심부였다.

대명궁 선정전 추측도

대명궁

　　대명궁은 당 태종 이세민이 현무문의 변을 일으켜 형과 동생을 죽이고 권력을 장악한 이후, 아버지인 당 고조 이연을 위해 지은 여름 궁전이다. 태극궁 동북쪽의 용수원에 영원히 평안하라는 의미에서 '영안궁(永安宮)' 이라고 이름을 짓고 궁을 짓기 시작한 이듬해(635년)에 태상황 이연이 사망하면서 공사는 중지된다. 대명궁으로 개칭한 것도 이때다.

　　이후 대명궁 공사는 20년 후 고종이 재개하여 완성된다. 관절염을 앓던 고종은 습기 있는 곳을 피하고자 태극궁에서 대명궁으로 거처를 옮겼다. 마지막 황제 소종(昭宗)에 이르기까지 대명궁은 당나라 역사를 통틀어 가장 중요한 정치 중심지였다. 대명궁 안에는 함원전(含元殿), 선정전(宣政殿), 자진전(紫震殿), 인덕전(麟德殿), 삼청전(三淸殿), 연영전(延英殿)이라는 건물이 있었으며 정전(正殿)은 함원전이다.

　　대명궁(大明宮)은 둘레 7,628m에 면적 $3.2km^2$로 자금성(紫禁城)의 4.5배, 프랑스 루브르 궁전의 8배 규모를 자랑한다. 대명궁 유적지의 함원전(含元殿)과 단봉문(丹鳳門) 사이의 광장은 북경 천안문 광장보다 넓다. 당나라 시인 왕유(王維)는 "구중궁궐 대문이 열리고, 만국의 벼슬아치들이 황제께 절을 올린다(九天閶闔開宮殿, 萬國衣冠拜冕旒)."며 대명궁에 대해 노래했다.

　　세계 제국 당나라의 수도 장안의 화려한 영화를 보여주는 대명궁 유적지는 2014년 6월에 실크로드 문화유산으로서 세계문화유산에 등재되었다. 대명궁은 대당 성세(大唐盛世)의 상징이며, 서안시의 센트럴파크이다.

명나라 시기 성벽

 황소의 난을 평정한 주전충(朱全忠)은 소종(昭宗)을 압박해 수도를 낙
양으로 옮기게 하고 궁전을 해체해 낙양으로 가져감으로써 장안이 철저
히 파괴되었다. 장안을 관리하던 우국군(佑國軍) 절도사 한건(韓建)이
방위를 위해 장안성을 황성 지역으로 축소하여 성벽을 개축했으나, 오랜
전란을 거치면서 장안성은 대부분 파괴되었다.

 명나라 초기 주원장에 의해 둘째 아들 주협(朱樉)이 진왕(秦王)으로
봉해졌고 서안부(西安府)를 두면서 개건되기 시작했다. 명나라 때 서안
성벽은 당 장안성의 기초 위에 증축되었다. 성벽을 중건할 때에 일찍이
한건이 개축했던 성벽의 서쪽과 남쪽 부분이 그대로 활용되었고 동쪽과
북쪽으로는 확장되어 새로 축조되었다. 그 후 끊임없이 보수되어 현재
중국 내에서 가장 보존이 잘 된 옛 성벽으로 남아 있다.

성벽은 방어용 목적으로 만들어졌으며 동서로 길쭉한 장방형이다. 가장 바깥에 해자가 있고 이중문 형식으로 되어 있는 '수비형 요새'라고 할 수 있다. 성벽 둘레는 13.75km이고, 성내의 면적은 11.32㎢이다. 현재 남아 있는 서안 성벽은 높이가 12m에 달하고 폭은 15m로 여러 대의 마차가 동시에 다닐 수 있을 정도로 웅장하다. 마르코 폴로는 『동방견문록』에서 서안의 "매우 두껍고 높은 성벽"을 언급한 바 있다. 서안 성벽 위에서는 매년 연등회가 열리며, 마라톤 대회도 개최되고 있다.

성벽 연등회에 남강 유등 참여

서안 성벽은 동서남북으로 애초에 나 있던 장락문(동문)·안정문(서문)·영녕문(남문)·안원문(북문)에 14개가 추가로 만들어져 현재는 18개의 성문이 있다. 서안 성벽의 첫 번째 방어선은 해자이며 그 위에 설치한 현수교는 유일한 출입 통로였다. 낮에 현수교를 해자 양쪽으로 내리고 저녁에는 현수교를 올려 성으로 진입하는 도로를 차단하였다.

성벽 보존과 수리

　서안 성벽은 중국에서 가장 보존이 잘 된 성벽으로 평가되고 있지만, 여러 차례 사라질 위기를 겪었다. 첫 번째 위기는 1950년이었는데, 성벽을 철거하자는 의제가 서북군정위원회(西北軍政委員會)에 제기되었지만 다행히도 철거를 금지한다는 결정이 이루어졌다.

　대약진 운동 시기에도 도시 확장을 위해 성벽을 철거해야 한다는 주장이 강하게 제기되었지만, 국무원에서는 서안 성벽을 보호하라는 공지를 내렸다. 이어서 1961년 국무원의 비준을 거쳐 서안 성벽은 제1차 전국 중점문물 보호단위로 선정된다.

　철거는 면했지만 성벽의 보호는 제대로 이루어지지 못하여 성벽 곳곳이 무너진 상태로 방치되고, 일부러 성벽을 뜯어서 훔쳐 가는 이들도 있어 서안 성벽은 그야말로 만신창이가 되어 가고 있었다. 1981년 11월 22

일 신화사가 심각한 훼손에 직면했다는 글을 게재한 것을 계기로 중앙 정부에서 관심을 갖고 섬서성 정부에 조치를 지시하면서 전기를 맞게 된다. 많은 사람이 성벽 복원을 위한 모금에 동참했고 20여 년에 걸친 긴 여정 끝에 2004년에 온전한 성벽을 갖추게 되었다.

종루와 고루

　매일 아침 9시가 되면 서안 성벽의 중심부 사거리에 있는 종루(鐘樓)에서 울리는 종소리를 들을 수 있다. 그리고 어스름이 깔릴 무렵이면 종루에서 서북쪽으로 200m쯤 떨어진 곳의 고루(鼓樓)에서 울리는 북소리를 들을 수 있다. 서안의 종루와 고루에서는 2007년부터 이처럼 '아침 종과 저녁 북(晨鐘暮鼓)' 울리기가 행해지고 있다. 종루와 고루를 합쳐서 자매루 혹은 문무루(文武樓)라고 부를 정도로 둘의 관계는 매우 밀접하다.

종루

종이 있는 누각인 종루는 서안 중심의 십자거리에 위치해 있다. 아침이면 큰 종을 두드려 시간을 알려 종루라고 불렀다. 종루는 명대 건축의 전형적인 품격으로 모두 청벽돌로 쌓았으며, 3중 처마, 사각 천정으로 되었는데 그 위에 진녹색의 유리 기와를 얹었다. 이를 중심으로 동서남북으로 뻗은 사대거리는 각각 성벽의 동문, 서문, 남문, 북문과 연결된다.

서안 종루는 현재 중국에 남아 있는 종루 중 가장 크고 보존이 완전하다. 종루는 명 태조 홍무 17년(1384)에 세워졌다. 처음 세울 때의 위치는 현재 고루 옆에 있었다. 명 신종 만력 10년(1582)에 지금의 위치로 옮겨 왔다. 지금의 서안 종루에서 울리는 종은 당나라 때 경운종(景雲鐘)의 복제품이다. 경운종 진품은 비림박물관에 소장되어 있다.

회족거리에 연접해 있는 고루는 저녁을 알려주는 북을 치는 곳이다. 고루에는 남쪽과 북쪽에 두 개의 편액이 걸려 있다. 남쪽 편액의 '문무성지(文武盛地)'라는 글귀는 문과 무가 더불어 성했던 '천년고도(千年古都)' 서안을 잘 대변하며, 섬서순무도어사 조가회(趙可懷)가 명 만력 18년(1580)에 쓴 것이다.

북쪽 편액의 '성문우천(聲聞于天)'이라는 글귀의 출처는 『시경(詩經)』 '학명(鶴鳴)'이다. "학은 깊숙한 못가에서 울어도 그 소리가 하늘에까지 들린다(鶴鳴九皐, 聲聞于天)."라는 내용이며, 진리나 뛰어난 인재는 어떻게든 드러나게 마련이라는 의미다. '성문우천(聲聞于天)' 편액은 청나라 건륭제의 어필이다. 고루의 두 편액은 수많은 문화재가 파괴된 문화대혁명 때 훼손되어 사라지고 말았다. 현재 고루의 두 편액은 원래의 글자체와 크기대로 전통적인 제작 방법에 따라 2005년에 만든 것이다.

회족거리

회족거리 유래

인파로 붐비는 회족거리

고루 옆에는 이슬람교를 신봉하는 회족들이 운영하는 상점들이 즐비한 '회족거리'가 있다. 당나라 때 이 일대는 실크로드를 통해 들어온 상인, 사절, 유학생 등이 거주하던 곳이었다. 회족거리는 '안사의 난' 때 당나라의 요청으로 위그르제국이 난 진압을 도운 후에 장안에 남은 수백 명의 회흘인이 거주했던 '대학습항(大學習巷)'에서 유래한다.

'항(巷)'은 거리를 뜻하며 서안 성황묘(城隍廟) 남쪽 입구에서 서쪽으로 100m쯤 되는 지점에서 남북으로 뻗은 400m의 거리가 바로 '대학습항' 자리다. 현재 회족거리는 양꼬치 등을 즐기는 인파로 인산인해를 이룬다. 서안에서 이색적인 정취를 맛볼 수 있는 방문지로 각광을 받고 있다.

회족의 기원

당나라와 티베트 토번(吐蕃) 간 전쟁 시에 토번에 의해 동원된 아랍 및 페르시아 출신 용병들 중에 당나라의 포로가 된 사람들이 처벌 대신 토지와 한족 부인을 얻게 되었고, 정착을 하면서 회족 선조의 한 갈래를 형성하였다. 회족의 보다 직접적인 조상은 칭기즈칸의 원정과 원나라 때 중앙아시아와 중동에서 건너온 색목인(色目人)이다. 색목인들이 바로 한족, 위구르족, 몽골족 등과 섞여 살면서 결혼 등을 통하여 오늘날의 회족을 형성하였다.

이슬람교 사원

회족거리에는 당나라 때인 서기 742년에 세워진 청진사(淸眞寺)라고 불리는 이슬람 사원이 있다. 송, 원, 명, 청나라를 거치면서 몇 번의 중건 과정을 거쳐 지금에 이르렀다. 청진 사는 중국의 전통 건축 양식으로 지어

청진사

졌으면서도 이슬람교 사원만이 지니는 특색을 동시에 품고 있다. 사찰의 전체 외양은 불교 사원과 같은 모습이지만 우상 숭배를 금지하는 이슬람교의 신앙에 따라 사원 안에는 어떠한 신상도 보이지 않는다.

#3
서안비림박물관

서안비림박물관의 유래

　비림(碑林)은 말 그대로 비석들이 마치 숲을 이루고 있는 모습이며, 서안비림박물관에서는 '비석의 숲'이라는 명칭에 걸맞게 수많은 비석을 만날 수 있다. 역대의 명필을 새긴 석비를 비롯하여 중요한 비석 3,000여 개가 모여 있다. 우세남(虞世南), 저수량(楮遂良), 구양순(歐陽詢), 안진경(顔眞卿), 장욱(張旭) 등 내로라하는 서예 대가의 친필 석각을 한자리에서 볼 수 있어 서예 애호가들에게 성지로 통한다.

서안비림박물관 입구

한나라 때의 비석부터 소장돼 있으니 무려 2000년 세월의 흔적을 만날 수 있다. 소장하고 있는 비석과 묘지의 수량은 중국에서 최고를 자랑하며 시대별, 계열별, 서체별로 완벽하게 갖추어져 있다. 뛰어난 작품이 한곳에 모여 있어서 중국 고대 서법의 보고, 역사문화의 보고, 서법 예술의 전당이라고 칭송받고 있다.

북송(北宋) 철종(哲宗) 1087년 공부낭중(工部郎中)이자 섬서전운부사(陝西轉運副使)였던 여대충(呂大忠)이 당말오대(唐末五代)의 전란 탓에 곳곳에 방치돼 있던 개성석경(開成石經), 석대효경(石臺孝經) 및 안진경(顔眞卿), 구양순(歐陽詢), 유공권(柳公權) 등이 쓴 저명한 석비를 보호하기 위해 경조부학(京兆府學)의 북쪽으로 옮겨 보관하기 시작했다.

그 후 서법석각이 계속 수집되면서 규모가 점차 확대되어 비석들이 숲을 이룰 정도가 되자, 명(明) 만력(萬曆) 연간에 비림(碑林)이라고 부르기 시작하였고, 1993년 1월에 정식으로 '서안비림박물관(西安碑林博物館)'이라는 명칭을 갖게 되었다. 본래 공자를 모시는 문묘(門廟)이었기에 전형적인 사당(祠堂)식 건축물이다.

149

천하제일종 경운종

서안비림박물관에 들어서서 가장 먼저 보게 되는 명물은 경운종(景雲鐘)으로 중국에서는 '천하제일종'이라고 한다. 당 예종 경운(景雲) 2년(711년)에 만들어져서 경운종이라 불리는데, 높이 2.47m, 직경 1.65m에 무게가 6톤인 청동으로 주물된 종이다. 본래 황실의 도관(道觀)인 경룡관(景龍觀)에서 사용되었다. 이후 명나라 때 종루가 세워지면서 경운종도 종루로 옮겨져 사용되었으나 1953년부터는 서안비림박물관에서 경운종을 소장하고 있다.

경운종

종 입구는 6개의 물결선으로 되어 있고, 종의 몸체에는 학, 비천, 용, 봉황, 맹수의 머리(獸首), 만초(蔓草), 채색 구름 도안이 있다. 종을 매달기 위해 위쪽에 만들어 놓은 장치인 종뉴(鐘鈕)는 한 마리 맹수 머리 모양으로 만들어져 있어 '포뇌(蒲牢)'라고 한다. 종의 중앙에는 292자의 명문이 주물되어 있는데 명필로 이름을 날린 당 예종 이단(李旦)의 친필이며, 명문 내용은 도교와 종소리에 대한 찬미로 구성되어 있다. 해마다 중국 중앙인민방송국(CCTV)에서 울리는 새해의 종소리가 바로 이 경운종의 종소리이다.

거대한 석상 대하석마

경운종 맞은편에는 높이 2m, 길이 2.25m의 '대하석마'가 있다. 5호 16국의 하나인 대하(大夏)는 407년에 흉노 출신 혁련발발(赫連勃勃)이 세운 나라이다. 418년에 장안을 차지하고 황제라 칭했으며, 맏아들 혁련궤(赫連潰)에게 군대를 주둔시켜 장안을 지키도록 했다. 이 말의 앞 발에 '대하진흥육년(大夏眞興六年)'과 '대장군(大將軍)'이란 글자가 새겨져 있어, 이 석마는 혁련궤(赫連潰)의 것으로 보인다.

한 무제 때 흉노를 정벌하는 혁혁한 공을 세운 곽거병의 묘 앞에는 '마답흉노(馬踏匈奴)' 석상이 당당히 자리 잡고 있다. 흉노가 말 아래 깔린 채 벗어나려고 안간힘을 쓰는 모습을 보이고 있는 마답흉노 석상은 한족이 흉노를 정벌하였다는 상징성을 나타낸다. 그런데 5호 16

대하석마

국 시대에 이르러 중국의 북방 지역은 흉노 등에 점령되어 한족과 흉노족과의 관계는 반전이 일어나는데, 비림박물관에는 있는 '대하석마' 석상이 이를 보여 주고 있다. 마답흉노보다 더 크게 만든 대하석마는 흉노족이 한족을 제압하여 장안을 차지하였음을 상징하는 것이기도 하다.

비림 현판과 석대효경

서안비림박물관 현판과 석대효경

비림의 현판 글씨는 임칙서(林則徐)가 쓴 글인데 비(碑) 자에 획 하나가 없다. 아편전쟁에 패한 후 임칙서가 신강으로 좌천당하여 가는 도중에 썼다고 한다. 그가 다시 돌아오면 획 하나를 찍겠다 하여 미완의 상태로 남겼으나 결국 비림으로 돌아올 기회가 없어 완성하지는 못했다는 이야기가 있다. 한나라 예서(隸書) 등에서는 비(碑) 자에 점을 찍지 않은 경우가 많았다고 하는데, 애초 글자 균형상 찍지 않았다는 분석도 있다. 당나라 덕종(德宗) 때 건립된 대진경교유행중국비(大秦景敎流行中國碑)의 '비(碑)' 자에도 점이 찍혀 있지 않은 것을 볼 때에 두 번째 설이 좀 더 타당성이 있는 것 같다.

1830년대 중반 영국이 중국으로 아편을 가져와 폭리를 챙기면서 아편은 중국에서 큰 사회적 문제가 되었다. 아편의 대가로 은(銀)을 치러 중국의 은이 다량으로 유출되어 국고가 비게 되고 백성들의 생활은 힘들어지고 군대의 기강이 해이해졌다. 임칙서가 도광제(道光帝)에게 절박한 마음을 담아 상소를 올리자 도광제는 임칙서를 흠차대신(欽差大臣)으로 임명하여 광주에서 아편을 금지하게 했다.

임칙서는 외국 상인들이 가지고 있는 아편을 압수하여 폐기하고 다시는 아편을 수입하지 않겠다는 서약서를 제출하라고 압력을 가했다. 이러한 조치는 중국에서 자국의 이권을 유지·확충하려는 영국 정부에 빌미를 주어 무력 간섭인 아편전쟁을 일으키게 했다. 영국군은 중국 남동부 연안 도시들을 공격하여 점령했고, 결국 전쟁은 영국의 승리로 끝나 중국은 최초의 불평등 조약인 남경조약(南京條約)을 체결했다. 이 조약은 중국에 대한 서구 열강의 제국주의 침략의 발판이 되었다. 임칙서의 아편 엄금론(嚴禁論)을 친히 승인했던 도광제는 그를 흠차대신에서 해임하여 북서쪽의 변방으로 좌천시켰다.

현판 밑에는 6m가 넘는 거대한 비석인 석대효경비가 하늘을 받치는 듯이 우뚝 솟아 있다. '효경'은 '효(孝)로써 나라를 다스린다'는 뜻으로 공자와 그의 제자 증자가 효에 대해 문답을 나눈 것이다. 남송 이후 학자들은 후세인들이 공자와 증자의 이름을 빌려 지었고 책의 성립은 한대(漢代)라고 보기도 한다. 당 현종은 자신의 정치 이념으로 효를 선택하고 이를 강조하고자 「어주효경(御注孝經)」이라는 것을 엮어서 세상에 내놓고 다시 효경을 주석하여 천하에 널리 반포하였다.

현종 석대효경비 글씨

현종(玄宗)은 친히 효경비를 썼는데 큰 글씨는 예서체로 쓴 것이고 작은 글씨는 해서체로 쓴 주석이다. 비의 사면에 글씨를 새겼고, 아들 숙종(肅宗)이 비액의 글씨를 썼다. 비액 위에는 구름 모양을 새긴 덮개를 더하였고, 비 아래에는 장대하고 웅장한 3층의 계단식 받침으로 받쳤다. 이 때문에 '석대효경비'라고 하며 태학(太學)에 세웠다. 현종은 양귀비와의 열애로 역사에서 그리 좋은 평가를 받지 못하지만 시와 서예, 음악에 능한 다재다능한 인물이었다.

전시관별 진열 유물

제1 진열실

당 문종 개성(開成) 2년(837년)에 완성된 개성석경이 전시되어 있다. 개성은 문종의 연호이며, 돌에 새겨진 경전이라는 의미에서 '개성석경 (開成石經)'이라 불린다. 개성석경은 당나라 해서(楷書)의 표준을 보여 주는 비석으로, 일명 당석경(唐石經)이라 부른다. 당나라 문종(文宗) 때 인 대화(大和) 7년(833년), 재상이던 정담(鄭覃)의 주청으로 시작하여 개성 2년(837년)에 완성되었다.

개성석경은 12부의 경서를 포함하는데 114개 비석으로 이루어져 있으 며, 228면에 65만 252자를 해서로 돌에 새긴 것이다. 12부의 경서란 『주 역(周易)』, 『서경(書經)』, 『시경(詩經)』, 『주례(周禮)』, 『의례(儀禮)』, 『예기(禮記)』, 『춘추좌씨전(春秋左氏傳)』, 『춘추공양전(春秋公羊 傳)』, 『춘추곡량전(春秋穀梁傳)』, 『논어(論語)』, 『효경(孝經)』, 『이아 (爾雅)』 등이다.

『주역』, 『서경』, 『시경』, 『예기』는 『춘추』와 함께 5경(五經)이라 부 르는 것으로 전한(前漢) 때 국학(國學)으로 채택했고, 당나라 때에는 이 전까지의 주(注)·소(疏)를 모아 『오경정의(五經正義)』가 편찬되었다. 『의례』, 『주례』는 예서(禮書)이고, 『춘추좌씨전』, 『춘추공양전』, 『춘추 곡량전』은 『춘추』의 해석서이며, 『논어』, 『효경』은 공자와 제자들의 어 록을 담은 책이다. 『이아』는 고금(古今), 각지의 언어와 제도 등을 수록 한 책이다.

개성석경 전시

12경서는 지식인들의 필독전서로서 그 당시 인쇄술이 발달하지 못해 학자들이 베껴 쓰는 과정에 틀린 글자가 많았기에 이를 비석에 새겨 범본(範本)으로 사용하였다. 한마디로 교과서의 원본, '세계에서 가장 두꺼운 돌 교과서'라 할 수 있다. 청대에 『맹자(孟子)』를 비석에 새겨 놓아 후에는 13경이 되었다.

제2 전시실

제2 전시실에 들어서면 우뚝 서 있는 대진경교유행중국비(大秦景教流行中國碑)를 만날 수 있다. '대진'은 로마, '경교'는 에페소스 공의회에서 이단으로 선고된 콘스탄티노플의 주교 네스토리우스가 주창한 네스토리우스교를 의미하며, 이 비는 약칭하여 '경교비'라고 한다. 경교비에는 경교의 가르침과 규범, 중국으로의 전파 과정이 기록되어 있으며, 비의 측면과 하부에 고대 시리아어로 직명을 새겨 놓아 종교사 및 고대 중국과 서양 간의 교류를 연구하는 데 귀중한 자료를 제공하고 있다.

당 태종은 장안에 도착한 선교단에게 의전 재상인 방현령(房玄齡)을 보내어 환영을 하게 하였다. 3년 뒤에는 의녕방에 네스토리우스교 교회당인 대진사(大秦寺)가 들어서게 된다. 경교도인 이사(伊斯)가 안록산의 난을 토벌할 때 큰 공을 세우고 대종(代宗) 때 토번의 침공을 물리치는데도 혁혁한 공을 세워서 경교가 권력의 후대를 받았다. 대종의 뒤를 이은 덕종도 경교를 숭상하였다. 덕종 때 대진경교류행중국비(大秦景教流行中國碑)가 건립되었다.

경교가 자취를 감추게 된 건 당 무종 회창(會昌) 5년(845년)에 불교 사원을 없애고 승려를 환속시키는 폐불(廢佛) 정책 때문이다. 이때 불교뿐만 아니라 현교(조로아스터교) 및 경교도 역시 큰 타격을 입었다. 이를 회창 법난(會昌法難)이라 한다. 이후 선종(宣宗, 810~859년)이 즉위하면서 불교는 부흥했지만 경교는 이미 불씨가 꺼진 상태였다. 회창의 법난이 일어난 때 대진사 교회 본부에서는 즉각 경교비를 땅속 깊이 묻었다.

경교비가 자취를 감춘 지 약 800년이 지난 명 희종(熹宗) 천계(天啓) 3년(1623년) 어느 날에 집을 짓기 위해 땅을 파던 농부들이 경교비를 발굴하게 된다. 비석에 관한 소문은 금세 퍼져나갔다. 예수회 선교사 니콜라스 트리고(Nicolas Trigault)와 알바로 세메

경교비

도(Alvaro Semedo)를 비롯해 서양의 많은 선교사가 비문을 탁본하고 번역해 본국으로 보냈다.

경교비가 금승사(金勝寺)에 보관돼 있던 중에 청나라 시기의 전란으로 절이 불타 없어지면서 방치되었다. 급기야 서양인들 사이에서 비석을 유럽으로 옮겨서 보관하자는 주장까지 대두됐다. 덴마크인 프리츠 홀름(Frits Holm)은 실제로 경교비를 서구 세계로 가져가고자 시도했다. 홀름의 수상한 낌새를 눈치 챈 섬서순무(陝西巡撫) 조홍훈(曹鴻勛)은 경

동주성교서비

교비를 비림으로 옮기도록 조치하여 1907년 10월 2일, 경교비가 최종적으로 비림박물관에 자리 잡게 된다.

저수량(楮遂良)의 '동주성교서비(同州聖敎序碑)'와 홍복사(弘福寺) 회인(懷仁)스님이 왕희지체를 집자하여 쓴 '대당삼장성교서비(大唐三藏聖敎序碑)'는 종교사적으로 매우 중요하다. 성교서(聖敎序)란 글자 그대로 성스러운 가르침에 대한 서문, 또는 성인의 가르침에 대한 서문이라는 뜻으로 여기서는 석가모니의 가르침, 즉 불경을 의미한다. 이 불경에 대하여 당 태종이 서문을 짓고, 태자였던 고종이 후기를 쓴 것을 통칭하여 '성교서'라고 부른다.

이렇게 내려진 서(序)와 기(記)를 당시 최고의 명필이자 당 3대 서예가의 한 사람인 저수량이 글씨를 써서 비석에 새겨 자은사의 안탑(雁塔)

에 영구히 보존하게 되는데 이 비석이 '안탑성교서비'이다. 이 안탑성교서비는 황제와 대신들 앞에서 썼기 때문에 긴장되어 저수량의 풍모를 다 보여 주지 못했다고 한다. 10년 후 저수량이 동주(同州)에 좌천되어 있을 때 다시 썼는데, '동주성교서비(同州聖敎序碑)'로서 세필(細筆)이면서도 힘이 넘치고 유연한 서풍(書風)을 보여 주고 있다.

태종은 현명한 군주로 찬란한 정관의 치세를 이루었으며 글씨에도 능하고 왕희지의 글씨체를 좋아하여 수집하였다. 애석하게도 왕희지는 이미 죽은 지 오래되어 그에게 글씨를 써 달라고 할 수가 없어 태종의 의중을 헤아린 승려 회인(懷仁)이 태종에게 왕희지의 글자를 모아 성교서의 집자비를 만들겠다고 주청하여 허락을 얻었다. 이후 회인은 20여 년에 걸쳐 왕희지의 글자를 모아 '대당삼장성교서비(大唐三藏聖敎序碑)'를 만들었다. 이를 집왕성교서비(集王聖敎序碑)라고 한다.

이외에도 제2 전시실에는 당나라 초의 서예가 구양순(歐陽詢)의 대표작 '황보탄비(皇甫誕碑)', 구양순의 아들 구양통(歐陽通)이 쓴 '도인법사비(道因法師碑)'가 있다. 황보탄비는 수나라 관료인 황보탄이 권력 다툼에서 희생된 사실을 적었다. 도인법사비는 도인법사가 대자은사에서 현장법사의 경전 번역 작업을 도왔던 사실을 기록했다. 그리고 안진경이 쓴 '다보탑감응비(多寶塔感應碑)'와 '안근례비(顔勤禮碑)', '안씨가묘비(顔氏家廟碑)', 당나라 말기 유공권(柳公權)의 '현비탑비(玄秘塔碑)'가 있다.

제3 진열실

　한나라로부터 위진, 남북조 시대, 북송까지의 비석과 묘지명을 모아 놓은 곳으로 중국 서예의 변천 과정을 한눈에 살펴볼 수 있다. 전서로는 '미원신천시서비(美原神泉詩書碑)', 예서는 '희평석경(喜平石經) 잔비', '조전비(曹全碑)', '광무장군비(廣武將軍碑)' 등이 있다.

　유교의 석경은 국가 사업으로서 태학·국자감의 앞에 세우는 것이 상례였다. 맨 처음 만든 것은 후한(後漢) 영제(靈帝) 시대에 만들어진 희평석경(熹平石經)으로 낙양의 태학 문밖 동쪽에 세워졌다.『역경(易經)』·『상서(尙書)』등 일곱 가지 경전을 당시에 예서체(隷書體)로 64개의 비석에 새겼는데 망실되었고, 서안비림박물관에 잔비가 소장되어 있다.

　동진(東晉) 시기의 '사마방비(司馬芳碑)'는 예서에서 해서로 변천 과정을 잘 보여 준다. '맹현달비(孟顯達碑)', '곽가묘비(郭家墓碑)' 등은 해서체로 되어 있으며, 수나라 때 '지영천자문(智永千字文)', 당나라 때 '회소천자문(懷素千字文)', 장욱의 '두통첩(肚痛帖)'은 초서의 걸작이다.

제4 진열실

　송에서 청에 이르기까지 유명한 시문비(詩文碑)가 소장되어 있다. 동파진적(東坡眞蹟)은 소동파(蘇東坡)가 붓으로 쓴「귀거래사권(歸去來辭卷)」을 비석으로 만든 것이다. 소동파는 도연명(陶淵明)의「귀거래사(歸去來辭)」를 읽으며 은퇴 후의 한적한 삶을 늘 부러워했다고 한다. 황정견(黃庭堅) 시비는 장안의 자연 풍경과 사람 사는 모습을 묘사했다. 행서로 쓰였으며, 마음의 눈을 통해 깊이를 더하는 글씨를 쓰려고 노력했다고 해서 그의 글씨에 대해서는 환골탈태라는 표현이 자주 사용된다. 또

한, 송에서 청 시기까지의 석각 회화
도 많이 있는데, 당 홍경궁도, 관중팔
경도(關中八景圖), 공자각상(孔子
刻像), 송학도(松鶴圖), 관제시죽(關
帝詩竹), 달마도 등 다양하다.

홍경궁도 비석도 눈길을 끈다. 당
현종으로 즉위하게 되는 이융기(李
隆基)가 왕자로 있을 때 그의 다섯
형제들과 함께 거주했던 저택으로
원래 이름은 융경방(隆慶坊)이라 했
으며, 궁전으로 바뀐 뒤에는 홍경궁
으로 바뀌었다. 현종은 홍경궁에 머
물며 정무를 보았고, 양귀비와 함께
기거하였으며, '안사의 난' 이후 양
위한 후에도 이곳에서 거주하였다.
홍경궁 남쪽에는 연꽃이 가득 자라
는 용지(龍池)라고 불린 호수가 있었
고 이곳에서 배 경주를 하기도 하였
다. 현재 홍경궁은 공원으로 개방되
어 있으며 호수 등 옛 궁전 구조가 잘
보전되어 있는데, 이 공원은 서안교
통대학 맞은편에 있다.

황정견 시비

홍경궁도 비석

관제시죽

댓잎 편지로 유명한 관우의 '관제시죽'이 많은 사람들의 발걸음을 붙잡는다. 조조에게 의탁해 있던 관우가 자신의 절개를 대나무로 표현하고 그것을 시를 통해 풀어쓰는 방식이다. 비석의 윗부분에 전서로 '관제시죽(關帝詩竹)'이라고 썼다.

관우는 위·오·촉 삼국이 각축을 벌일 때 금전과 명예를 초탈하여 존경을 받은 인물이다. 사람들은 그의 덕과 용기를 기려 성인의 반열에까지 올려 '관제(關帝)'라고 부른다. 조조는 관우를 휘하에 두기 위해 온 정성을 기울였지만 관우의 마음은 한결같이 도원결의의 주군인 유비에게 가 있었다.

비석의 상단부에 대나무 잎을, 하단부 왼쪽에 대나무 줄기를 표현했다. 그리고 하단부 오른쪽에 5언절구 시를 새겨 넣고, 왼쪽 끝부분에 누가 언제 비석을 세웠는지를 적어 넣었다. 이 비석은 청나라 강희제 때인 1716년 한재(韓宰)가 임모(臨摹)해서 비림에 세웠다. 임모란 원작을 본떠 새롭게 만드는 것을 말한다. 비석에 새긴 시구는 다음과 같다.

不謝東君意(불사동군의)
丹靑獨立名(단청독립명)

莫嫌孤葉淡(막혐고엽담)

終久不凋零(종구불조령)

동군의 호의에 감사할 수 없어

붉고 푸르게 홀로 이름을 세우리니,

외로운 나뭇잎의 퇴색됨을 미워하지 않기를

끝내 시들어 떨어지지 않으리.

얼핏 보면 대나무 그림이지만 자세히 보면 댓잎으로 쓴 편지이다. 관우가 조조에게 포로가 된 후, 그의 회유에 대꾸하는 형식으로 쓴 시다. 몸은 비록 조조의 진영에 있지만, 마음은 유비에 있음을 표현하고 있다. 이 시에서 동군은 조조를 말한다. 그 뜻을 알아차린 조조는 자기의 노력이 헛수고임을 알고 단념했다고 한다. 관우는 다섯 개 관문을 통과하고 유비 진영으로 돌아간다.

달마는 원래 남인도 향지국의 왕자였으나 출가하여 승려가 되어 선(禪)에 통달하였다. 부처님의 정법을 전하기 위해 당나라 때 중국으로 건너온 달마에 대해서는 여러 가지 일화가 있는데, '달마동

달마면벽도

도도'는 장강을 건너는 장면을 그린 것이고, '달마면벽도'는 9년 동안 소림사 달마굴에서 벽을 쳐다보고 수련하는 모습을 담은 것이다.

163

제5 진열실

청나라 비석을 주로 비치했는데, 송, 원, 명 때의 비석도 있다. 이 비석들은 그 당시 사회활동에 대해 적어 놓아 당시 사회 정황과 지방사를 연구하는데 중요한 자료가 되고 있다. 일부 비석은 중요한 서예 예술 가치를 갖고 있다. 진(秦)나라 이사의 '역산각석(譯山刻石)'이 송(宋)대의 모본으로 남아 있다.

'영정치원(寧靜致遠)'이라 쓴 청나라 강희(康熙) 황제의 글씨가 눈에 띈다. 이는 '담박명지 영정치원(澹泊明志 寧靜致遠)'에서 나왔으며, 제갈공명이 아들 첨(瞻)에게 이른 말로 "욕심이 없고 마음이 밝아야 뜻을 밝힐 수 있고, 마음이 편안하고 고요해야 원대함을 이룰 수 있다."라는 뜻이다.

제6 진열실

청나라 시가(詩歌), 산문(賦)이 위주이며, 원, 명 시대의 서예가들의 작품도 있다. 진열된 비석은 일부 원나라, 명나라 사인(士人)들의 시와 글을 제외하고 대부분 청나라 때의 것이다. 원 서예가 조맹부(趙孟頫)의 '유천관산시(遊天冠山詩)'와 명 서예가 동기창(董其昌)의 '말릉려사송회장생시(秣陵旅舍送會章生詩)', 임칙서(林則徐)의 '유화산시(遊華山詩)' 등은 모두 진귀한 비석이다.

청 강희제 글씨

제7 전시실

청나라 때 황제가 갖고 있던 역대 제왕과 서예가들의 친필체를 다시 새겨 놓은 곳이다. 청 순치(順治) 3년(1646년)에 새겨진 '섬서본 순화각첩(陝西本淳化閣帖)'이 진열되어 있다. 순화각첩(淳化閣帖)은 비각첩(秘閣帖)이라고도 하며, 역대 제왕, 명신, 서예가의 필체 집합체이다. 북송 순화 3년(992년)에 송 태종이 왕저(王著)에게 궁중에 소장하고 있는 역대의 묵적을 대추나무 목재로 된 나무판에 모방하여 조각하도록 명을 내렸으며, 순화 연간에 새겼기에 순화각첩(淳化閣帖)이라는 이름을 득하게 되었다. 진본은 소실되고 없으며, '섬서본'과 '난주본'이 남아 있다.

석각 예술실

당 고조의 무덤 헌릉(獻陵) 앞에 놓여 있던 코뿔소 석상을 비림박물관에 옮겨 놓았다. 자연석을 이용하여 동남아에서 조공물로 바친 코뿔소를 보고 만들었다는 코뿔소 석상의 무게는 10여 톤에 이르러 능 앞에 세워 놓은 동물 석상 중에서 제일 크다. 마치 살아 있는 코뿔소가 걸어가는 모습을 하고 있다. 또한, 이곳에는

코뿔소 석상

강건한 풍모를 자랑하는 후한 시대의 쌍수(雙獸), 당 태종의 무덤인 소릉(昭陵)의 여섯 마리 준마, 한 쌍의 주작과 한 쌍의 봉황이 조각되어 있는

165

이수묘(李壽墓) 석조 조각, 당대(唐代)의 보살상 등 고대 석각 예술의 걸작들을 소장하고 있다.

이수묘는 당나라 초기의 벽화묘이며, 묘주 이수(李壽, 577~630년)는 당 고조 이연의 사촌 동생이다. 이수묘는 섬서성 함양(咸陽)시 삼원(三原)현에 위치하고 1973년에 발굴되었다. 묘지 입구의 조형물과 남생이 조각 비문, 석관이 비림박물관에 전시되어 있다. 석문에는 한 쌍의 주작과 한 쌍의 봉황이 조각되어 있다. 석관은 기와집 형태를 하고 있으며, 외부에는 신(神)과 군인, 시종, 용, 봉황, 주작, 현무 등이 조각되어 있다.

석각 예술실에는 또한 진귀한 화상석(畫像石)이 전시되어 있다. 화상석은 돌로 된 무덤이나 사당의 벽, 돌기둥, 무덤의 문, 벽돌, 석관의 뚜껑에 추상적 도안이나 꽃무늬부터 인물 및 활동, 현실 생활에 이르기까지 다양한 내용을 암각해 장식한 것이다. 화상석은 특히 한나라 때 유행했으며, 주로 묘실, 석관, 고분을 만들 때 장식으로 이용되었다. 가장 눈에 띄는 화상석은 공자가 노자를 만나는 장면을 묘사한 것이다.

공자가 노자를 찾아가 예를 물었다는 일화는 『사기열전』

이수묘 입구

등에 소개되어 있다. 공자는 가르침을 받을 수 있는 곳이라면 어디든 마다하지 않고 찾아갔다. 노자를 찾아간 것도 그런 자세 때문이었다. 공자는 노자를 찾아가서 예(禮)에 대해 물었다. 공자가 노자를 찾아간 것은 주나라를 이상 국가의 모델로 생각했던 공자로서는 한때 주나라 관리를 지냈던 노자가 주나라의 예절과 법도를 잘 알고 있으리라 생각했기 때문이다. 공자는 웃어른을 찾아간 예물로 꿩을 가져와 바쳤다. 당시 꿩은 상서로운 동물에 포함되었다. 꿩을 바쳤다는 것은 최상의 존경을 담아 예물을 드렸다는 뜻이다.

공자가 노자를 만나는 장면

#4
섬서역사박물관

섬서역사박물관 특징

　섬서역사박물관 건물은 '중앙전당, 사우숭루(中央殿堂, 四隅崇樓 : 중앙에 전당이 있고, 네 개 모퉁이에 있는 건물이 누각을 호위한다)'라는 당나라 건축 양식에 따라 건축되었다.

섬서역사박물관 전경

섬서역사박물관은 1991년 6월에 개관된 국가급 박물관으로 선사 시대
부터 현대까지 출토된 각종 유물 약 37만 점을 소장하고 있다. 섬서성 박
물관, 함양시 박물관에 있던 유물 대부분이 섬서역사박물관으로 옮겨지
고 이후 발굴된 유물이 추가되어 엄청난 규모를 자랑한다.

유물 수량이 많을 뿐만 아니라 종류 또한 다양하며 그 가치도 매우 높
다. 한당(漢唐) 시대 금제, 은제 유물은 독보적이며, 당의 무덤 벽화는 세
상에서 견줄만한 것이 없을 정도라고 한다. 또한, 하가촌(何家村)에서
발굴된 마노보석, 금은 세공품 유물의 세밀함과 아름다움은 놀랍기만 하
다. 1996년 국가 문물국은 762점을 1급 문물로 선정하고, 그중 18점을 국
보로 확정하였다.

전시실별 유물

건물 입구에 들어가면 큰 돌사
자상이 맞이한다. 측천무후 모후
인 양씨의 묘인 순릉(順陵) 앞에
있는 거대한 돌사자상을 복제한
것이다. 양씨 묘는 서안함양 국
제공항 부근에 있으며, 측천무후
가 왕의 예우로 매장하였고 주위
에 30여 구의 거대한 석각상(石刻
像)이 있다.

측천무후 모친 묘 순릉 앞 돌사자상

전시실은 연대별로 선사 시대에서 주나라, 진나라 때까지의 유물을 전시하고 있는 제1 전시실, 한나라부터 위·진·남북조 시대까지의 유물을 전시하고 있는 제2 전시실, 그리고 수, 당, 송, 원, 명, 청대에 걸친 유물을 전시하고 있는 제3 전시실로 나뉜다.

제1 전시실

선사 시대 전시실에는 1964년 남전(藍田)현에서 발견된 남전원인(藍田猿人)의 유골 머리 부분과 앙소(仰韶) 신석기 문화의 대표적 유적지인 반파(半坡) 유적지에서 나온 그릇과 석기들이 전시되어 있다. 주나라 전시실에는 갑골문자와 청동기가 다수 있다. 다우정(多友鼎) 청동기는 278자의 명문이 새겨져 있으며, 주나라 시기 전쟁사와 소수민족 관계 연구에 귀중한 자료이다.

진나라 전시실 유물로는 '두호부(杜虎符)'가 유명한데, 조그마한 동물 몸 전체에 글자가 새겨진 것(9행 40자)으로 군사를 움직이는 징표로 사용되었을 것으로 추정된다. 진시황 병마용 진품도 여러 점 전시되어 있다.

두호부   황후 옥

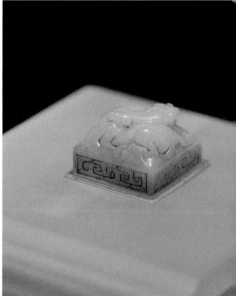

제2 전시실

이곳의 한나라 전시실에서 눈에 띄는 유물은 한 고조 유방과 황후 여치(呂雉)의 합장묘에서 1㎞ 정도 떨어진 곳에서 발견된 옥새이다. 이 옥새는 현재까지 발견된 옥새 중에서 가장 오래된 것이며, '황후지새(皇后之璽)'라는 글자가 새겨져 있어 유방의 황후 여치의 옥새로 추정된다.

북방 초원 지역 흉노족의 장식품으로 여겨지고 있는 '금괴수(金怪獸)'상도 많은 이목을 끈다. 우선 네 장의 꽃잎 모양의 받침대 위에 서 있다. 목을 구부리고 머리를 숙이고 뿔을 들이밀며 싸우려는 모습을 하고 있다. 또한, 귀를 세우고 있으며 눈은 동그랗게 튀어나온 모양으로 매의 부리, 짐승의 몸통과 발굽을 하고 있다. 전체 몸통과 네 다리의 윗부분에는 구름무늬, 목과 가슴 부위에는 긴 털 무늬가 있다. 커다란 두 개의 뿔은 안으로 구부러진 모양을 하고 있는데, 두 뿔은 각각 네 갈래로 갈려 있고, 네 갈래 끝단에는 각각 괴수 두상이 부조되어 있

금괴수

171

으며, 동그랗게 안으로 감겨 있는 꼬리에도 괴수 두상을 하고 있다.

후한(後漢) 화제(和帝) 때 환관 채륜(蔡倫)이 종이를 발명한 것에 관해서도 설명하고 있다. 그때까지 문서는 목간(木簡)이나 죽간(竹簡)에 글을 썼다. 중요한 지도나 문서는 비단에 쓰는 경우도 있었지만 비단은 매우 비싸기 때문에 쉽게 사용할 수가 없었다. 채륜은 물속에서 부드러워진 나무껍질, 삼, 헝겊, 어망 등을 이용하여 종이를 만들어 낼 방법을 생각해 냈다. 이렇게 해서 만들어진 종이는 당시에 주로 글씨를 적던 순수비단보다도 값이 훨씬 싸고 만드는 재료도 풍부했을 뿐만 아니라 질도 뛰어났다. 황제는 채륜에게 크게 상을 내리고 널리 보급하도록 하였다.

위·진·남북조 전시실에는 불상 등 종교 관련 유물이 많다. 이 시대는 극히 혼란스러운 분열기로서 지배 체제의 통치를 원활하게 하고 사회 안정을 위해 종교를 장려하여 불교 및 도교 등이 발전하였다.

불상

汉白玉释迦造像
北周 (557—581年)
西安市北郊草滩出土

White Marble Statue of Skt. Sakymuni
Northern Zhou Period (557-581)
Excavated from Caotan, the northern
suburbs of Xi'an City

당삼채

제3 전시실

당나라 시대 대표적 유물인 당삼채 유물이 많이 전시되어 있다. 당나라 때에는 백색의 도태(陶胎) 위에 황색·적색·녹색·남색·자색 등 다양한 색깔의 유약을 입힌 도기를 만들었다. 대체로 황색·녹색·백색의 삼색 위주이기 때문에 '당삼채(唐三彩)'라고 일컫는다. 남녀 인물상, 말, 낙타 등 여러 가지 형태로 만든 도기가 있으며, 당대 귀족의 취미, 생활 양상을 잘 나타내고 있다. 또한, 백자기 등 수준 높은 자기와 금은 공예품도 많이 전시되어 있다.

하가촌 유물

제4 전시실을 추가로 마련하여 하가촌(何
家村)에서 발견된 유물을 별도로 전시하고
있다. 하가촌 유물에는 국보급 유물이 다수
포함되어 있다. 1970년 10월 서안시 하가촌
공사장에서 당나라 시대의 국보급 보물을 포
함한 1,000여 점의 보물이 빼곡히 담겨 있는
두 개의 항아리가 발견되어 세상을 놀라게
했다.

금은 그릇 271점, 금은동 화폐 466점, 옥대
10점, 마노보석 3점, 유리 및 수정자기 각 1점,

은주전자

옥대 10점 등 다양한 종류의 보물이 포함되어 있다. 당나라 언제 누구의
물건인지 알 수 없으나 황제의 기물을 관리하는 사람이 긴급 상황이 생
기자 땅속에 묻지 않았을까 추측한다. 그 많은 유물을 두 개 항아리에 담
은 것도 예술같이 느껴진다.

'춤추는 말 무늬가 있는 은주전자(舞馬街杯紋銀壺)'는 유목민족이 사
용하는 가죽으로 만들어진 물주머니 모양을 본떠서 만든 것이다. 주전자
양면에는 당나라 때 유명했던 '춤추는 말(舞馬)' 그림이 그려져 있고 금
으로 도색되어 있으며 생동감이 넘친다.

이 주전자의 정교한 무늬는 당 현종 때 말이 음악에 따라 춤을 추도록
훈련시켰다는 기록을 다시 한번 입증해 주고 있으며, 역사적·예술적 가
치가 높은 국보급 문물이다.

'금테 두른 동물 두상의 마노잔(鑲金獸首瑪瑙杯)'은 훌륭한 마노를 이용하여 마노의 무늬와 색을 절묘하게 살려 조각한 술잔이다. 이 술잔은 뿔이 달린 동물의 머리 모양을 하고 있다. 손잡이는 영양(羚羊)의 뿔 모양을 닮았으며 입 부분에는 모자 모양의 금색 뚜껑이 씌워져 있는데, 이 뚜껑을 열면 술이 흘러나오게 된다. 동물의 눈, 귀, 코 무늬가 매우 정교하게 새겨져 있는 이 술잔은 당나라 시기 대외 문화교류의 산물이라고 할 수 있다.

　'원앙과 꽃잎 무늬를 새긴 금사발(鴛鴦蓮瓣紋金碗)'은 망치로 두드려 만든 그릇으로 어자문(魚子紋)이 새겨져 있으며, 그릇 외벽에는 상하 두 층으로 연꽃의 꽃잎을 펼쳐 놓은 무늬가 새겨져 있는데, 층마다 꽃잎이 각각 10개씩 새겨져 있다.

　상단의 꽃잎에는 각각 여우, 토끼, 노루, 사슴, 앵무새, 원앙 등 희귀 동물과 화초가 새겨져 있으며, 하단의 꽃잎에는 모두 인동덩굴 무늬가 새겨 있다. 안쪽 하단에는 장미 모양의 꽃무늬가 새겨져 있으며, 그릇 내벽에는 구량반(九兩半)이라는 한자가 새겨져 있어 이 그릇의 무게를 알 수 있다.

노잔 　　　　　　　　　　　　　　　　　　　　　　　　　　　　　　　금사발

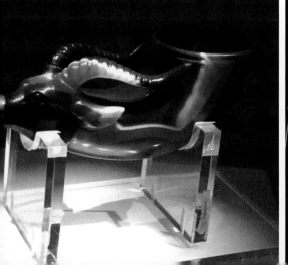

격구

당나라 벽화

　벽화 전시실에는 당나라 황제의 배장묘에서 출토된 채색 벽화가 즐비하다. 장회(章懷)태자 묘에서 출토된 벽화로는 사신도가 유명하다. 그리고 격구도도 관심을 끄는 벽화이다. 사산조 페르시아에서 유행했던 격구는 실크로드를 통해 당나라에 전파되었다. 서역 실크로드의 요충지였던 투루판 아스타나 고분에서 격구를 즐기는 귀족 조각상이 다수 발굴됨으로써 서역에서 격구가 전래되었다는 것이 입증되었다. 당나라 때 장안에서는 여성들까지도 말을 타고 격구를 즐겼다고 한다.

　장회태자 이현(李賢)은 고종과 측천무후의 둘째 아들이다. 형인 효경태자 이홍(李弘)이 어머니 측천무후에 의해 사망한 후 태자가 되었으나 측천무후가 친정을 하는 등 전횡을 일삼자 이를 보다 못해 비판하다가 사천성 파주(巴州)로 유배되었고, 결국 자살로 생을 마감하고 말았다. 후에 중종은 이현을 장회태자로 추증했다.

영태공주묘(永泰公主墓)에서
는 유명한 '궁녀도' 벽화가 출토
되었다. 궁녀도는 화려한 색감,
섬세한 의복과 머리 모양이 당
시의 모습을 잘 나타내고 있다
고 한다. 주요 특징은 선이 끊어
지지 않고 이어진 옷의 무늬선이
힘 있게 움직이는 형태를 묘사하
고 있다는 점이다. 그리고 당나
라 시대의 활기차고 풍요한 모습
을 잘 표현한 인물화의 결정체라
고 할 수 있다.

궁녀도

영태공주 이선혜(李仙蕙)는
중종의 딸이다. 사마광 『자치통
감』은 고종과 측천무후의 손녀
영태공주와 공주의 남편 무연기
(武延基, 측천무후의 종손), 오빠
이중윤(李重潤) 등이 측천무후

궐루도

의 남총(男寵) 장역지(張易之), 장창종(張昌宗) 형제의 못된 짓에 불만
을 품고 암암리에 의논하다 측천무후의 분노를 사서 죽었다고 기록하고
있다. 복위한 중종은 딸 이선혜를 영태공주로 추증하여 건릉에 배장했
다. 아들 이중윤(李重潤)도 황태자로 추증하고 '의덕(懿德)'이라는 시호
를 내렸다.

177

의덕태자 묘에서 출토된 벽화로는 궐루도(闕樓圖)가 유명하다. 궐(闕)의 형식은 전면에 보이는 중심 궐루가 있고 이를 배열하는 두 개의 궐루가 있어 이른바 '삼궐식(三闕式)'의 형식이다. 궐루의 대기(臺基)는 전을 계단 형식으로 쌓은 형태이며 사방이 회랑으로 둘러싸여 있다. 이 벽화는 당대 궐루 건축 기술과 예술을 나타내고 있어 당나라 궁궐을 재현할 때 귀중한 자료로 활용되고 있다.

4

이야기가 넘치는
관광의 길

#1
화청지

화청지 내력

서안 동쪽 여산(驪山) 기슭에 있는 화청지(華淸池, 화칭츠)는 온천물이 좋으므로 중국 역대의 황제들이 온천욕을 즐겼던 곳으로 3,000년의 역사를 가지고 있다. 최초의 온천 행궁 화청지는 서주 말기 유왕(幽王)에 의해 세워졌다. 주나라 때는 여궁(驪宮), 진나라 때는 여산탕(驪山湯), 한나라 때는 이궁(離宮)이라 불렀으며, 당나라 때는 태종이 탕천궁(湯泉宮)을 지었고 현종이 확장하여 화청궁(華淸宮)으로 개칭하였다. 심지어 청나라 말 서태후도 8개국 연합군 공격으로 북경이 함락당한 후에 서안으로 피난 온 후에도 이곳에서 온천을 즐겼다고 한다.

오래된 화청지 온천

화청지 구성

화청지 전경

화청지 바깥의 북쪽 광장에는 현종과 양귀비가 춤추고 노는 장면이 청동 조각으로 만들어져 있다. 이곳에서 남쪽에 여산을 배경으로 화청지가 자리 잡고 있다. 망경문(望京門)을 통해 들어가면 부용호(芙蓉湖)라는 연못이 있고, 장생전(長生殿)이라는 누각이 있다. 장생전은 칠월칠석날 현종과 양귀비가 비익조(比翼鳥)가 되고 연리지(連理枝)가 되자고 맹세했던 곳이다.

부용호를 지나 동쪽으로 가면 비상전(飛霜殿)과 구룡호(九龍湖)가 나온다. 비상전은 화청궁의 제2 궁전으로 현종과 양귀비가 겨울에 주로 침전으로 사용했다고 한다. 비상전이라는 이름은 겨울에 눈이 내릴 때 온천의 열기로 인해 눈이 서리처럼 변해 내렸다고 해서 생겨났다고 한다. 구룡호는 비상전 앞에 있는 연못이며, 구룡교(九龍橋) 다리가 놓여 있다. 이곳을 어느 정도 지나면 화청지가 자랑하는 온천탕을 볼 수 있다. 온천탕을 지나면 다시 동쪽으로 오간청(五間廳)에 이르게 된다. 오간청은 말 그대로 다섯 칸으로 이루어진 건물로 중국 현대사의 중요한 사건인 서안사변(西安事變)이 일어난 곳이다.

양귀비가 즐긴 온천탕

화청지에는 연화탕(蓮花湯), 해당탕(海棠湯), 성신탕(星辰湯), 상식탕(尙食湯) 등 목욕탕 유적지가 남아 있다. 현종은 연화탕에서 목욕을 했고, 양귀비는 해당탕에서 목욕을 했다고 한다. 연화탕은 해당탕보다 크고, 탕지가 직사각형이면서도 네 모서리가 약간 둥근 형태를 취하고 있

다. 임금이 목욕하는 곳이라 해서 어탕(御湯)이라고도 불렸다. 해당탕은 탕지(湯池)의 모양이 해당화를 닮아 그런 이름이 붙었다고 한다. 그리고 양귀비가 목욕한 곳이라 해서 귀비지(貴妃池)라고도 불린다.

성신탕(星辰湯)은 당 태종인 이세민의 전용 목욕탕으로 건설되었다고 한다. 탕지의 모양이 북두칠성 형태를 닮았다고 해서 성신탕(星辰湯)이라는 이름이 붙었다고 한다. 상식탕(尙食湯)은 당나라 때 임금의 수라와 궁궐의 음식을 책임지던 부서인 상식국(尙食局) 관리들이 목욕할 수 있도록 만든 온천탕이라고 한다.

화청지에는 대리석으로 조각한 반라의 양귀비상이 있다. 풍만하고 농염한 몸매에 틀어 올린 머리, 수줍은 듯 살짝 감은 눈으로 목욕을 하고 나와 막 옷을 입는 장면이다. 목욕하고 나올 때의 양귀비 모습이 가장 아름다워 그 순간을 표현했다고 한다.

화청지 양귀비상

　화청지에는 양귀비가 좋아했던 석류나무, 대추나무 등이 군데군데 있어 중국의 4대 미인 중 한 명이었던 양귀비가 노닐던 정취가 물씬 풍긴다. 중국의 4대 미인에는 여러 가지 설이 있지만, 일반적으로 양귀비를 비롯하여 춘추전국시대 월나라 서시(西施), 『삼국지』에 나오는 초선(貂蟬), 그리고 한나라 때 국가를 위해 흉노로 시집간 왕소군(王昭君)을 말한다.

　서시는 상해에서 멀지 않은 절강성 소흥(紹興)의 한 시골에 사는 나무꾼 여식이었는데, 경국지색(傾國之色)의 미인으로서 부동의 1위를 차지하고 있다. 소흥은 화동지방에 해당되는데 화동지방의 기후는 습하다. 습한 기후는 피부를 촉촉하게 적셔 주어 이곳에는 미인이 많이 난다고 한다. 양귀비는 화청지에서 온천욕을 자주하면서 촉촉하고 매끈한 피부를 유지하고 독특한 화장법을 개발하여 현종의 마음을 붙들어 맸다고 한다.

양귀비 해당탕

중국 4대 미인

서시

　서시(西施)는 월왕 구천(句踐)이 오나라에 복수하기 위해 미인계를 쓰려고 전국적으로 미인을 찾던 중에 뽑혀 오왕 부차(夫差)에게 보내진다. 부차는 서시의 아름다움에 빠져 정치를 태만히 하고 그녀를 위해 대규모 토목 공사를 벌여 국력이 쇠약하게 되어 오나라가 멸망하는 하나의 원인이 되었다고 전해진다. 서시는 '침어(沈魚)'란 고사가 있을 정도로 빼어난 미모를 지니고 있었다. 어느 날 서시가 강변에 놀러 갔는데 그때 놀고 있던 물고기가 서시의 미모를 보고 헤엄치는 것도 잊어 버리고 넋을 잃고 보고 있다가 서서히 강바닥에 가라앉았다고 한다.

　서시의 훗날에 대해서는 여러 가지 설이 있다. 구천의 왕비가 심복 부하를 시켜 죽였다는 설이 정설이지만, 범려가 서시를 데리고 멀리 떠나 살았다는 설도 있는데 절세미인이 허무하게 사라지는 데 대한 아쉬움으로 후세에서 이렇게 만든 것이 아닌가 생각된다.

양귀비

　양귀비(楊貴妃)는 당나라 현종의 비로 원래는 현종의 18왕자 수왕(壽王)의 비로서 이름은 양옥환(楊玉環)이었다. 양옥환은 17세에 수왕에게 시집가 결혼 생활을 하고 있었다. 총애하던 무혜비(武惠妃)가 죽자 실의에 빠져 있던 현종에게 환관 고력사(高力士)가 미녀를 수소문하던 중에 양옥환을 발견하고 현종의 연회 자리에 불러냈다. 이때 양옥환은 음악 애호가 현종이 연주하는 가락에 맞춰 아름다운 춤을 선보여 현종의 마음을 사로잡는다.

현종이 양귀비를 만났을 때는 58세였고 양귀비는 22세였으며, 시아버지와 며느리 관계였다. 현종은 서두르지 않고 양옥환을 도교의 여도사로 만들어 놓는다. 도가에 입문하면 그 이전에 있었던 속세의 일들이 다 지워진다는 것이다. 동시에 아들에게 새 여인을 왕비로 삼게 하여 부부의 연을 끊어 놓는다.

양귀비 드라마에서 사랑하는 부인을 아버지에게 잃은 수왕의 애끓는 장면이 묘사된다. 수왕은 아버지인 현종에게 반항하여 모든 지위와 호사를 박탈당할 지경에 이르지만 양옥환은 식음을 전폐하며 현종에게 수왕 문제를 모질게 처리하면 모실 수 없다고 버틴다. 결국, 자신은 남의 여인이 되지만 위기에 처한 남편도 지켜 주고 자존심도 지키게 되는 장면이 인상 깊다. 현종은 좀 더 기다려 양옥환을 비귀로 맞이하고 화청지에서 로맨스에 빠진다.

당대 시인 이태백은 그녀를 활짝 핀 모란에 비유했고, 백거이는 양귀비와 현종의 영원한 애정의 곡으로 「장한가」를 노래하여 양귀비는 중국 역사상 가장 로맨틱한 여주인공 중 한명이 되었다. 양귀비의 별명은 '수화(羞花)'이다. 양귀비가 화원에서 꽃을 감상하고 있는데 한 그루 꽃을 건드리자 그 꽃은 바로 잎사귀를 말고 고개를 숙였다고 한다. 이는 꽃도 양귀비의 아름다움에 부끄러움을 느낀다고 하여 수화라고 하였다고 한다.

초선

초선(貂蟬)은 정사 『삼국지』에는 나오지 않는 『삼국지연의』의 가공인물로서 중국 4대 미인 중에서 유일하게 허구의 인물이다. 워낙 『삼국지연의』가 유명하다 보니 실제 인물같이 느껴진다. 정사 『삼국지』 '여포전'에 "여포는 동탁의 시비와 사사로이 통정하여 이 일이 발각될까 두려워하여 마음속으로 불안해 하였다."라는 글귀가 나오는데, 이를 보면 초선을 완전히 가공인물이라고만 볼 수는 없을 것 같다.

『삼국지연의』에서는 사도 왕윤의 시비인 초선은 왕윤에게 부탁을 받아 동탁과 여포 사이를 이간질하여 여포를 분노하게 만들어 동탁을 처치하게 만든 연환계로 묘사된다. 어느 날 초선이 화원에서 달에 기도하고 있는데 뜬구름이 휘영청 밝은 달을 가렸다. 달도 초선의 아름다움에 비할 수 없어 구름 뒤에 숨었다 하여 그 후 초선을 '폐월(閉月)'이라고 하였다고 한다.

왕소군

왕소군(王昭君)은 흉노 선우의 아내로 원래는 한나라 원제(元帝)의 궁녀였다. 흉노와의 친선을 위해 후궁 중의 한 명을 흉노의 왕(선우)에게 시집보내게 되었다. 가장 추한 여성을 보내려고 후궁들에게 모두 초상화를 그려서 바치라고 했는데 후궁들은 화공에게 예쁘게 그려 달라고 뇌물을 바쳤지만 왕소군은 뇌물을 주지 않아 화공이 그녀를 밉게 그려서 황제에게 바쳤고, 그림을 본 원제는 왕소군을 흉노의 왕(선우)에게 시집 보내기로 결정하게 되었다고 한다. 떠나기 전날 그녀를 본 원제는 그 아름다움에 넋이 나갔지만, 이미 흉노에 보내기로 했기 때문에 눈물을 머금고 보낼 수밖에 없었다고 한다.

왕소군은 당나라 때 토번(티베트)으로 시집간 원천공주와 함께 소수민족과의 화해에 물꼬를 튼 상징적인 인물로 추앙되고 있다. 집을 떠나가는 도중 그녀가 멀리서 날아가고 있는 기러기를 보고 고향 생각이 나서 금(琴)을 연주하자 한 무리의 기러기가 그 소리를 듣고 날개 움직이는 것을 잊고 땅으로 떨어졌다고 한다. 이에 왕소군을 '낙안(落雁)'이라고 칭하게 되었다고 한다.

경국지색의 미녀 서시

양귀비 초상화

삼국지 드라마에서의 초선

昭君出塞

王昭君

君，原为汉宫宫女。公元前54年，出塞和亲。她到匈奴后，被封为『宁胡阏氏』（阏氏，音焉支，李昭君，名嫱（音qiang），象征她给匈奴带来和平，安宁和兴旺。在一个秋高气爽的日子里，昭君告别了故土，登程北去。一路上，马嘶雁鸣，撕裂她的心肝，悲切之感，使她心绪难平。她在坐骑之上，拨动琴弦，奏起悲壮的离别之曲。南飞的大雁听到这悦耳的琴声，看到骑在马上的这个美丽女子，忘记扇动翅膀，跌落地下。从此，昭君就得来『落雁』的美称。阏氏），意思是『王

왕소군

189

서안사변의 현장

    화청지는 근현대사에서 매우 중요한 곳이다. 바로 이곳에서 중국 공산 당이 기사회생한 서안사변이 일어났기 때문이다. 중화민국 주석이자 총 사령관인 장개석(蔣介石, 장제스)은 1936년 12월 7일 서안에 와서 군사 회의를 주재하고 동북군 사령관 장학량(張學良, 장쉐량)과 17로군 사령 관 양호성(楊虎成, 양후청)에게 홍군을 공격하도록 압박했다.

    그러나 장학량은 '항일 구국'이 먼저라고 주장하며 말을 듣지 않는다. 오히려 12월 12일 새벽 화청지 오간청(五間廳)에 머물러 있던 장개석을 급습하여 체포한다. 화청지 뒤뜰에 있는 오간청의 창문 벽에는 '시안사 변의 총탄 자국'인 총알 구멍이 군데군데 있어 그때의 긴박했던 순간을 느끼게 한다.

    새벽에 갑자기 총성이 들리자 장개석은 얼른 뒤쪽 산으로 도망쳤다가 급히 산에서 내려오던 중에 그만 바위틈에 빠지고 만다. 장학량은 여산 (驪山) 일대를 샅샅이 수색해 장개석을 찾아내 시안 성내로 데려갔다. 지금은 장개석이 숨어 있다가 잡힌 바위 근처에 이때의 일을 기념하기

오간청

병간

위한 정자가 세워져 있다. 정자의 이름은 병간정(兵諫亭)이라고 하는데, '병간(兵諫)'이란 윗사람에게 무력을 행사해 요구사항을 따르도록 하는 것이다.

장학량과 연안에서 온 주은래(周恩來, 저우언라이), 그리고 남경에서 남편 장개석을 구출하기 위해 급거 날아온 송미령(宋美齡, 쑹메이링) 간의 막후 협상이 진행된다. 결국, 장개석은 홍군을 국민당군에 편입하는 조건으로 협력한다는 약속을 하기에 이른다. 이것을 제2차 국공합작이라 부른다. 결국 '병간'을 통해 국공합작을 이루어 일본에 대항하려는 장학량의 계획이 실현되었다.

「장한가」 공연

현종과 양귀비의 사랑을 그린 백거이의 시 「장한가(長恨歌)」가 화려한 쇼로 재현되었다. 화청지 연못에 무대를 만들어 공연되고 있다. 비상전 앞에 있는 연못 구룡호는 상하 2층으로 이루어져 있는데, 하단에 수상 무대가 설치되어 있고, 상단에 보조 무대가 설치되어 있다. 상단과 하단 사이에는 둑 형태의 다리 구룡교(九龍橋)가 놓여 있다. 노래와 춤이 어우러지고 화려한 분수 쇼와 여산을 배경으로 하는 수많은 전등불과 불꽃이 장관을 이룬다. 중국의 유명한 영화감독 장예모(張藝謀, 장이머우)의 연출로 만들어졌으며 봄(4월)에서 가을(10월)까지 야간에 공연된다.

　백거이의 시 「장한가」는 전체 4장으로 이루어졌다. 1장에서는 현종과 양귀와의 만남과 양귀비에 대한 현종의 지극한 애정을, 2장은 안록산의 난으로 양귀비를 죽게 한 데 대한 뉘우침과 외로움의 회한을, 3장은 양귀비에 대한 생각만으로 환상에 빠져 있는 나날을, 4장은 도사의 환술(幻術)로 양귀비의 영혼과 미래의 사랑을 맹세하지만 인간과 천상세계의 단절로 뼈저린 한탄의 여운을 이야기한다. 사랑의 기쁨과 괴로움, 그리고 외로움의 서정이 절절히 느껴지는 듯하다.

#2
현장법사와 대안탑

대자은사

자은사(慈恩寺)는 당 고종이 황태자
였던 648년 어머니 문덕황후(文德皇后)
의 극락왕생을 위해 세운 절이며 '대자
은사(大慈恩寺)'라는 사액을 받았다. 자
은(慈恩)이라는 이름은 '자애로우신 어
머님의 은혜'라는 말에서 유래한 것이
다. 대자은사는 세계적으로 유명한 불교
사찰로서 볼거리가 많다. 정문인 남산문
(南山門)에는 강택민(江澤民, 장쩌민)
전 주석이 쓴 대자은사(大慈恩寺) 편액
이 걸려 있다. 중국에서 불교 사찰은 남
향으로 건축하며 일반적으로 정문을 남
산문이라고 부른다.

남산문 대자은사 편액

안탑신종

대자은사 안으로 들어오면 종루와 고루가 보인다. 오른쪽에 있는 종루에 철제 범종 한 구가 걸려 있는데, 명 가정(嘉靖) 27년(1548년)에 주조한 것으로 무게 3만 근에 위에 안탑신종(雁塔晨鐘)이라는 글자가 새겨져 있다. 안탑신종은 관중팔경(關中八景)의 하나였다. 안탑에서 울려 퍼지는 새벽 종소리가 관중팔경의 하나라는 의미이다.

정면으로 보이는 대웅보전은 대자은사의 중심 법당이다. 법당 안에는 석가모니불을 중심으로 왼쪽에 제자 아난(阿難)상이, 오른쪽에는 가섭(迦葉)상이 있다. 아난은 얼굴이 보름달처럼 맑고 거울처럼 깨끗하다. 뛰어난 기억력의 소유자인 아난은 출가 후 25년간 석가모니를 시봉하며 그의 말씀을 들었기 때문에 제1차 불전 결집 때 불경 편찬의 중심인물이 되었다. 가섭은 고뇌에 찬 모습을 하고 있다. 인도 제일의 재력을 가진 바라문 출신이며 제1차 불전 결집을 주재하고 교단의 체제를 정비하고 교단을 이끈 인물이다.

대웅보

현장법사 설법 장면

그 뒤쪽으로 가면 도솔이라는 편액을 한 법당이 나타난다. 여기서 도솔은 도솔천(兜率天)의 준말로 미륵보살이 머무는 천상의 정토(淨土)를 말한다. 이곳에 모셔진 부처님이 미륵보살이 된다. 이어서 대안탑이 웅장하게 서 있다. 오른쪽에는 역대 고승들의 사리탑이 있다.

대안탑 뒤로는 현장법사가 인도로 불경을 구하기 위해 갔던 경로와 과정, 경전 번역 활동 등이 상세하게 소개되어 있는 '현장삼장법사원'이 있다. 세 개 구역으로 구성되어 있는데, 현장법사 탄생, 출가, 서천취경 과정을 설명해 주는 광명당(光明堂), 깨달음을 얻는 장면을 보여 주는 대편각당(大遍覺堂), 인도에서 돌아온 후 황제와 조정대신들의 환영, 경전 번역 및 저술 등을 설명하는 반야당(般若堂)이 있다.

현장삼장원의 광명당 앞에는 유식종전당(唯識宗展堂)이 있다. 유식종의 의미와 현장, 원측, 규기 등 유식종의 발전에 기여한 여덟 명의 고승, 유식종의 전파 등에 관해 설명하고 있다. 유식종(唯識宗)은 "모든 법은 오직 식이다(萬法唯識)."라는 주장 때문에 이 이름이 붙었다. 또한, '만법성상'을 밝히는 것을 주된 요지로 삼아 법상종(法相宗)이라고도 한다.

현장법사가 인도에서 들여와 발전시킨 불교의 유파로서 제자 규기(窺基)가 하나의 종파로 성립시켰다. 규기가 자은사를 중심으로 활동했기 때문에 자은종(慈恩宗)이라고도 한다. 현장의 유명한 수제자는 규기와 원측(圓測)이다. 규기와 그 후계자들을 가리켜 자은학파(慈恩學派)라 부르며, 서명사(西明寺)에 머물고 있었던 원측과 그 후계자들은 서명학파(西明學派)라 불렀다.

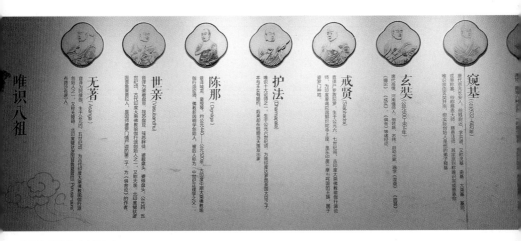

유식종 발전에 기여한 고승

대안탑

대안탑

    대안탑(大雁塔)은 황실 사찰 자은사에 세워진 불탑이며, 삼장법사 현장이 인도에서 귀국할 때 가져온 경전이나 불상 등을 보존하기 위해서 황제에게 요청하여 건립한 탑이다.

    최초에는 인도식 5층 전탑이 세워졌으나 측천무후 때 재건되어 10층이 되었다. 후에 병화로 파괴되고 지진으로 손상되어 여러 번 수리를 거듭하다가 청나라 강희제 때 현재의 모습으로 중수되었다. 7층의 누각식, 방형의 전탑으로 남아 있으며, 기단 각 변이 42m, 높이는 64m로써 서안에서 가장 높은 탑이다.

    대안탑 1층의 문미(門楣)에는 당 태종이 찬(撰)한 『대당삼장성교지서(大唐三藏聖教之序)』와 고종이 태자일 때 찬한 『대당삼장성교지서기(大唐三藏聖教之序記)』를 당대 명필 저수량(褚遂良)의 글씨로 비석에 새긴 『안탑성교서(雁塔聖教序)』가 남아 있어 역사 연구에 귀중한 자료가 되고 있다.

    대안탑 안에는 목조 계단이 설치되어 위층으로 올라갈 수 있다. 당나라 때 진사(進士) 과거 급제자들이 탑에

안탑성교서비

올라가 이름을 새겼다고 하는데, 이를 '안탑제명(雁塔題名)'이라 한다. 곡강지(曲江池)에서 진사 급제자 등을 위한 축하 연회가 끝나면 이들은 자은사로 이동하여 장안에서 가장 높은 대안탑에 오른 후에 시를 쓰고 급제자의 이름, 관적과 급제 시기를 적고 내려왔다고 한다.

진사 과거시험에 합격할 당시 27세였던 백거이(白居易)는 "자은사 제명(題名)에 있는 17명 진사 중에서 최연소"라는 시구를 남겼다. '안탑제명' 전통은 당나라 중종 시기부터 시작되었는데, 북송(北宋) 신종 때 대화재가 발생하여 유실되었다. 당나라 멸망과 더불어 사실상 '안탑제명'도 사라졌지만, 섬서성과 감숙성의 향시(鄕試)에 합격한 거인(擧人)들은 여전히 자은사에 이름을 남겨 놓았는데 지금 대안탑 1층에 보존되어 있는 것은 명 · 청 시대의 제명비(題名碑)이다.

안탑제명

현장법사 동상

　현장법사는 젊었을 때 각지를 다니며 고승으로부터 가르침을 받았으나 불경을 깊이 공부할수록 교리와 역경에 대한 의문이 깊어져 불전 원본만이 이러한 의문을 해소할 수 있을 것이라고 믿었다. 급기야 불교 발상지인 천축에 가서 불전 원본을 구하겠다는 결심을 하기에 이르렀다. 당 조정에 천축행을 청원하였으나 당나라가 이제 막 새로이 자리를 잡기 시작한 상황이라 공무 이외에는 옥문관(玉門關) 서쪽으로의 출입이 금지되어 있었기에 받아들여지지 않았다.

　그러나 현장은 의지를 굽히지 않고 628년 국경을 빠져나가 서쪽으로 향했다. 낮에는 사람들 눈을 피해 숨고 밤에만 이동했다. 관원에 붙잡혀 서역행이 무산될 수 있는 위기도 겪었다. 드디어 당의 국경선인 옥문관을 빠져나와 가도 가도 끝없는 사막으로 나아갔다. 모래 돌풍이 불기 시작하면 순식간에 예전 길을 지우고 새 길을 만들었지만 그래도 뚫고 가야만 하는 길이었다. 물 한 방울 없이 5일 동안 사막을 횡단한 경우도 있었다. 정신을 잃고 쓰러지기도 하였으나 드디어 하미 오아시스에 도착했다.

　불심이 깊었던 고창국 국문태(麴文泰) 왕은 뛰어난 스님이 하미에 왔다는 이야기를 듣고 현장법사를 초대했으며, 열흘을 머문 현장법사가 떠나려고 하자 국사(國師)가 되어 달라고 요청했다. 거듭되는 거절에도 왕의 뜻이 변하지 않자 결국 현장법사는 단식으로 자신의 의사를 분명히 밝혔다. 왕은 마음을 바꿔 주기를 간청했지만 현장의 뜻을 꺾을 수는 없었다. 대신 현장법사는 한 달 동안 고창국의 주민들에게 설법을 해주었다. 고창국왕은 현장법사가 인도까지 가는 도중에 거치게 될 각 나라의 왕들에게 영토를 잘 통과할 수 있게 해달라는 부탁을 담은 편지와 함께 말도 장만해 주고 금은과 비단과 같은 선물도 실어주었다.

현장법사는 다시 길을 떠났다. 목숨을 내걸어야 하는 위험한 여행이었지만 타클라마칸사막과 천산산맥과 힌두쿠시산맥을 넘어 인도에 도착할수 있었다. 인도에서 10년 남짓 체류하는 동안 나란다대학에서 공부하고 부처님 성지와 각지의 사원도 순례했다. 나란다대학은 각 나라의 승려들이 불교를 공부하기 위해 유학 올 정도로 유명한 대학이었다. 만족할 만큼 충분히 공부하고 순례를 마친 현장법사는 북인도 왕의 군대 호위를 받으며 인도를 출발했다.

죄인처럼 몰래 떠났으나 귀국길은 성대했다. 당 태종은 현장법사의 귀국을 기꺼이 반겼다. 그의 귀국을 보기 위해 수많은 사람이 거리에 운집했고 꽃을 뿌리며 환영했다. 현장법사는 인도에서 가져온 불경과 불상을 홍복사(弘福寺)에 봉안했다. 자은사(慈恩寺)와 번경원(翻經院)이 완공되자 이곳으로 옮겨 역경 사업에 몰두했다.

대안탑 광장에는 현장법사 동상을 배경으로 사진을 찍는 인파들로 북적인다. 현장은 키가 7척 장신에 미목(眉目)이 밝고 수려하며 용모가 단정하고 음성이 맑은 인물이었다고 한다. 현장법사 동상은 서안미술학원 원장을 역임한 진계남(陣啓南, 천치난) 교수가 여러 차례 수정 작업을 거쳐 만들었다. 제작 당시에 역사적인 인물의 실제 모습과 종교적으로 추앙받는 성인의 모습 중에서 어느 측면을 보다 더 고려해야 되느냐에 대해 의견이 분분했다.

어렵고 힘든 상황을 딛고 인도에 가서 불경을 가져온 것을 형상화하기 위해 등에 많은 책을 짊어지고 있는 모습을 동상으로 만들어 줄 것을 기

현장법사 동상

대하는 사람들이 많았다.
그러나 작가는 고심 끝에
역사적으로 중국을 대표하
는 지성 중의 한 사람이자
종교적으로 추앙받는 성인
의 모습으로 동상을 만들
었다. 그렇지만 현장법사
동상의 모습은 장엄하거나
엄숙하지 않다. 이는 황제
같은 높은 위치에 놓지 않
음으로 해서 대중들이 친
근감을 가질 수 있도록 하
기 위한 것이었다.

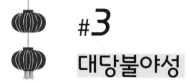

#3
대당불야성

대당불야성이란

　현장법사 동상이 자리하고 있는 대안탑 광장을 마주하여 '대당불야성 (大唐不夜城)'이라는 새로운 문화거리 공간이 조성되었다. 1.5㎞ 길이의 대당불야성 중앙거리에는 국운을 융성시킨 황제, 신하, 시인, 문장가들을 동상과 조각으로 생생하게 묘사하고 정치, 경제, 종교, 문화, 예술, 과학기술 등 여러 방면에서의 성과를 입체적으로 설명하여 대당제국의 화려한 모습을 재현시켰다.

대당불야성 야경

대안탑 북광장 분수 쇼

'불야성'은 등불이 휘황하게 켜져 있어 밤에도 대낮같이 밝은 곳을 이르는 말이다. 밤에도 해가 떠 있어 밝았다고 하는 중국 동래군(東萊郡) 불야현(不夜縣)에 있었다는 성(城)에서 유래한다. 대당불야성은 당나라 수도 장안이 있었던 서안의 밤을 대낮처럼 밝혀 관광 명소로 만들겠다는 야심찬 프로젝트라고 볼 수 있다.

대당불야성 도로 양쪽에는 미술관, 영화관 같은 문화 시설들이 있고, 쇼핑몰, 커피숍, 식당들이 즐비하다. 대안탑의 경관을 보존하기 위해 낮은 층으로 설계된 대형 호텔도 자리하고 있다. 한편, 한여름 밤에 대자은사 뒤쪽 대안탑 북광장은 2,000여 개의 분수 노즐이 연출하는 분수 쇼의 장관을 즐기기 위한 시민, 관광객들로 인산인해를 이룬다. 이 분수대는 아시아에서 가장 큰 규모를 자랑한다고 하는데 삼복더위를 씻어 주기에 부족함이 없다.

당 태종 동상

주요 황제 동상

정관기념비(貞觀記念碑)는 대당불야성의 상징물이다. 당 태종 이세민(李世民)의 말 탄 모습이 높이 우뚝 서 있고 동상 하단에는 '정관지치(貞觀之治)'라는 네 글자가 금빛으로 새겨져 있다. 그리고 휘하 장군과 병사들이 군악대에 맞추어 위풍당당하게 출진하는 모습을 나타냈다.

정관(貞觀)은 태종의 호이며, 흔히 말하는 '정관의 치'는 당 태종의 치세를 기리어 이르는 말이다. 방현령(房玄齡), 두여회(杜如晦) 등의 명신을 등용하여 율령과 군정을 정비하고 학예를 장려하여 국세를 떨쳤다.

또한, 정책을 결정함에 있어서 위징(魏徵) 등 신하들의 간언을 받아들여 어긋남이 없도록 하였다고 한다.

측천무후는 자신의 자녀들을 포함하여 많은 사람을 죽이고 무자비한 숙청을 일삼은 탓에 잔혹한 살상과 천륜을 저버리고 결국에는 황권까지 찬탈한 권력의 화신이라는 평가가 있다. 반면에 거의 반세기 동안의 통치 기간 중 강력한 중앙집권제 확립으로 사회 안정과 경제 발전을 꾀한 성군이라는 평가가 첨예하게 대립한다. 대당불야성에 측천무후 동상이 자리 잡고 있는 것은 측천무후가 국내외적으로 안정적으로 국정을 이끌고 불교를 흥성하게 하며 문물을 크게 육성시킨 점을 긍정적으로 평가하기 때문일 것이다.

현종은 측천무후 이후의 혼란스러웠던 정치 상황을 평정하고 환관과 인척의 정치 참여를 막음으로써 정치 안정을 꾀하였으며 인재를 널리 등용하였다. 또한, 조정을 정비하고 상벌을 엄정히 하였으며 율령 체제를 강화하였다. 지방관은 백성들과 밀접한 관련이 있으므로 나라를 다스리는 근간이라 여겨 지방 현령의 선발을 중시하였다.

측천무후 동상

　군사력의 증강에도 힘을 기울여 외세의 침입에 적극적으로 대응하였다. 한편으로 외국과의 교류를 활발히 함으로써 수도인 장안을 국제도시로 융성시켰다. 학문과 예술에도 관심을 기울여 자신이 직접 시부를 짓고 저명한 학자들을 초빙하여 학술 고문을 맡겼으며 장안과 낙양에 서원을 세워 유명한 학자들이 강의하도록 배려했다.

　현종 시기의 개혁은 사회 · 경제 발전을 가속화하였고 호구가 증가하고 생산력이 증대되었다. 우수한 작가들이 배출되는 등 문화적으로도 번성한 시기이다. 이러한 태평성대를 당 태종의 '정관의 치'와 비견될 만하다 하여 '개원(開元)의 치'라고 부른다. 개원은 현종이 712년 즉위 이듬해에 제정한 연호이다.

시인, 문장가 동상

당나라는 618년부터 907년까지 300년이 채 못 되는 기간에 총 2,300여 명의 시인을 배출했고 이들이 쓴 시만 무려 5만 편이나 된다고 한다. 당나라 시기에 쓰인 시가 이전 서주(西周)부터 남북조(南北朝) 시대에 이르는 1,700년 동안 쓰인 모든 시보다도 두세 배 많다고 하니 과연 중국 문학의 황금시대라고 일컬어질 만하다. 대표적인 시인은 시선(詩仙)으로 일컬어지는 이백(李白), 시성(詩聖) 두보(杜甫), 평민의 삶을 많이 읊은 백거이(白居易)다.

시선 이백

호방한 성격의 천재 시인 이백은 친구 사귀기를 좋아하고 자유롭게 떠돌다 간 낭만 시인이다. 아름다운 시와 자유로운 삶 때문에 시선(詩仙)으로 일컬어진다. 고체시(古體詩)와 근체시(近體詩), 악부시(樂府詩) 등을 고루 잘 지었으며 그 가운데서도 그의 자유분방한 성격과 잘 맞는 악부시에 특히 뛰어났다. 서정시의 새 국면을 열고 새로운 경지를 개척한 중국 역사상 최고의 시인으로서 주옥같은 작품을 많이 남겼다. "술 한 말에 시 백 편을 짓는다."라고 할 정도로 술을 좋아해서 이백의 시에는 술이 많이 등장한다.

가장 유명한 시는 "달빛 아래 혼자 술을 마시다"라는 뜻의 제목 「월하독작(月下獨酌)」이다. 현종이 양귀비와 함께 꽃구경을 할 때 흥을 돋우기 위해 억지로 끌려온 이백이 이미 고주망태가 된 상태에서 지었다는

「청평조사(清平調詞)」도 빼 놓을 수 없다. 이때 현종은 친히 이백의 술 기운을 깨우고 양귀비에게 손수 먹을 갈게 했으나, 시 속에서 양귀비를 미인이기는 하나 음란하다는 평이 있는 한나라의 조비연(趙飛燕)에 비유했다는 이유로 궁중에서 쫓겨났다고 한다.

시성 두보

두보의 시는 뛰어난 문장력과 사회상을 생생하게 반영하여 후세에 시로 표현된 역사라는 뜻으로 '시사(詩史)'라 불리기도 했다. 사회 부정에 대한 격렬한 분노와 인간에 대한 한결같은 신뢰가 잘 나타나 있다. 이러한 까닭에 냉철한 사실주의(寫實主義)자요, 위대한 인도주의자인 동시에 열렬한 충군애민(忠君愛民)의 애국자로 평가된다.

잘 알려진 작품으로는 다양한 감각적 이미지를 이용하여 비 내리는 봄날 밤의 정경을 섬세하게 묘사한 「춘야희우(春夜喜雨)」, 제갈량 사당을 찾아 그의 높은 충절과 의리를 추모하는 「촉상(蜀相)」, 안록산의 난으로

이백 동상

두보 동상

가족과 헤어져 지내면서 자연의 아름다움과 전란으로 인한 인간사의 고통을 대비하여 전체적으로 애상적인 느낌을 주는 「춘망(春望)」 등이다.

평민 시인 백거이

백거이(白居易)는 다작(多作) 시인으로 알려져 있다. 현존하는 문집은 71권, 작품은 총 3,800여 수로 당나라 시인 가운데 최고 분량을 자랑할 뿐 아니라 시의 내용도 다양하다. 평민 시인, 사회파 시인으로 불린다. 민중의 삶을 노래하고 백성 누구나 알아볼 수 있도록 쉽게 썼다. 사치를 일삼는 관리들을 비판하는 등 사회상이 반영되어 있다. 문장은 시대의 요구를 받아들여 그것에 맞춰 써야 하며 문장 자체에 머무르지 않고 세상의 변화를 선도해야 한다고 생각했다. 당 현종과 양귀비의 사랑을 노래한 장편 시 「장한가(長恨歌)」가 대표작이다.

한편, 대당불야성에는 고문운동(古文運動)을 일으킨 대문장가 한유(韓愈), 유종원(柳宗元)의 동상도 있다. 고문운동은 육조 이후 공소(空疎)하며 화려한 사륙변려체(四六騈驪體)의 문장에 대하여 진한(秦漢) 이전의 고문으로 돌아가 유교적 정신을 바탕으로 간결하며 뜻의 전달을 지향하는 새로운 산문 운동이다. 당나라의 한유, 유종원은 송나라의 구양수(歐陽修)·소순(蘇洵)·소식(蘇軾)·소철(蘇轍)·증공(曾鞏)·왕안석(王安石)과 더불어 당송 8대가라고 불린다.

백거이 동상

대당부용원

　대당불야성과 인접한 곳에 대당부용원(大唐芙蓉園)이 있다. 대당부용원은 당 현종의 이궁인 부용원(芙蓉園)이 있던 곳으로 성당(盛唐 : 당나라의 전성기) 시기의 모습을 다각도로 재현해 낸 대형 황실 원림식 문화 테마 파크이다. 곡강지(曲江池)에 있으며 수역 면적이 전체의 1/3을 차지하고 아름다운 경관을 자랑한다. 당 현종은 부용원(芙蓉園) 행차 편리를 위해 장안성 동쪽 성벽에 잇댄 이중 성벽으로 황제 전용 통로를 만들어 대명궁, 홍경궁, 그리고 부용원을 연결하였다.

　대당부용원을 배경으로 당 현종과 양귀비의 치명적 사랑을 그린「대당부용원」드라마가 촬영되었다.「대당부용원」은 2007년 중국CCTV에서 첫 방영된 이후 일본, 싱가포르, 한국 등에서도 방영되었다. 대당부용원에서 매년 음력 설 전후로 하여 중국 최대 등축제인 서안 연등회(燃燈會)가 개최되는데, 이때는 곡강 주변이 자동차와 사람으로 북새통을 이룬다.

곡강지 호수

대당부용원 야경

곡강공원

　서안시 동남부에 있는 곡강유적공원은 대당불야성과 연결되어 시민 공원으로 각광을 받고 있다. 곡강(曲江)은 당나라 장안 최대의 유원지였다. 성당(盛唐) 시기 장안의 문화의 맥은 바로 이곳에 있었다고 말할 수 있을 정도로 활력이 넘치던 곳이었으며 장안의 문화 정수 집결지이기도 했다.

　시인들도 이곳에 자주 와서 시상을 떠올렸을 것이다. 곡강지(曲江池)라는 드넓은 호수에서 배를 띄우고 술을 마시며 시를 읊는 장면을 묘사한 동상이 곳곳에 눈에 띤다. 관중 8경 중의 하나였던 '곡강유음(曲江流飮)'은 곡강 흐르는 물에 술잔을 띄우고 풍류를 즐기는 모습이다.

　당나라 때 수천 명의 과거 응시자 가운데 진사(進士) 합격자는 서른 명 남짓이었다. 과거 합격자 명단이 발표되면 낙방생의 좌절과 급제자의 환희가 교차한다. 장안성 동남쪽의 곡강(曲江) 일대가 시끌벅적해진다. 진사 급제자를 위한 축하연회가 이곳에서 연달아 열리기 때문이다. 진사과에 여러 차례 낙방한 황소(黃巢)는 합격한 진사들이 곡강의 백화만발한 곳에서 득의양양해 하는 장면을 보고 실의에 빠진 나머지 「낙방한 뒤에 국화를 노래하다(不第後賦菊)」라는 분노에 찬 시를 짓는다.

　待到秋來九月八(대도추래구월팔)
　我花開後百花殺(아화개후백화살)
　沖天香陣透長安(충천향진투장안)
　滿城盡帶黃金甲(만성진대황금갑)

가을 되어 9월 8일을 기다려 왔노니

내 꽃이 핀 뒤 다른 모든 꽃은 죽으리니.

하늘을 찌르는 향기가 장안에 진동하고

온 성안에 황금 갑옷 가득하리.

황금 갑옷으로 표현한 국화는 황소의 반란군이다. 이 시는 현실이 되어 장안은 황소가 이끈 수십만 농민군에 의해 함락되고 만다. 황소의 난 (875~884년)은 진압되었지만 황소의 난으로 인해 곡강과 더불어 당나라는 피폐해지고 결국 망하게 된다.

곡강공원과 대당불야성 사이에는 시민들이 즐길 수 있도록 넓고 쾌적한 공원을 조성해 놓았다. 여기에서는 거장 시인들의 작품이 새겨져 있는 암석을 곳곳에서 볼 수 있다.

사진에서 보이는 시(詩)는 이백(李白)의 '아침 일찍 백제성을 떠나며 (早發白帝城, 조발백제성)'이라는 시다. 이백은 안록산 난을 피해 여산

(廬山)으로 갔다가 현종의 아들인 영왕(永王)의 군대에 합류했다. 현종
이 퇴위한 뒤에 셋째 왕자가 숙종(肅宗)으로 즉위하자 영왕은 반란자로
몰려 토벌당하고 만다. 이백도 사로잡혀 사형 판결을 받았으나 친구들의
노력으로 감형되어 야랑(夜郎)으로 유배를 가게 되었다. 사천성 백제성
(유비가 오나라에 패해 퇴각하다가 운명하였던 비운의 장소) 근처에 이
르렀을 때 뜻밖에 은사(恩赦)를 받았다. 기쁜 나머지 하루라도 빨리 돌
아가고 싶은 마음에 작은 배를 빌려 동틀 무렵 장강 물길을 따라 강릉(江
陵)으로 한숨에 달려가는 모습이 이 시의 내용이다.

朝辭白帝彩雲間(조사백제채운간)
千里江陵一日還(천리강릉일일환)
兩岸猿聲啼不盡(양안원성제부진)
輕舟已過萬重山(경주이과만중산)

아침 일찍 오색구름 감도는 백제성을 떠나
천리 길 강릉을 하루만에 돌아왔네.
양쪽 강기슭 원숭이들 울음소리 그치지 않은데,
날렵한 배는 수많은 산들을 지나왔다네.

이백의 눈앞에서 장강 삼협(三峽)의 수많은 산이 스쳐 지나가고 귓전
으로 협곡의 원숭이들의 울음소리를 듣는다. 어려운 시절을 끝내고 새아
침에 수많은 산들의 배웅을 받고, 벼슬길을 암시하는 원숭이의 응원소리
를 들으면서 내일을 향해 달려가는 이백의 희망찬 마음이 가득하다. 이
시는 선명한 대비를 통해 신속성과 경쾌감 그리고 정신적인 도약의 순간
을 강렬하게 포착해 낸 걸작이다.

5

History & Culture of Xian

불교 구도의 길

불교의 전래
인도를 순례한 고승 이야기
유명한 사찰

#1
불교의 전래

불교의 중국 전래

백마사

중국에 불교가 전래된 것은 후한(後漢) 명제(明帝, 재위 58~75년) 영평(永平) 10년(67년)이다. 명제가 어느 날 자다가 키가 큰 금인(金人)이 백광을 비추면서 황궁을 내려오는 꿈을 꾸었다. 그 꿈을 이야기하니 신하들이 서방에 불교가 있다고 아뢰어 서역으로 사신들을 보냈다. 도중에 인도 고승인 가섭마등(迦葉摩騰)과 축법란(竺法蘭)을 만나 함께 돌아왔으며 명제는 낙양 성문 밖에 백마사(白馬寺)를 지어 머무르도록 하였다. 백마사란 백마 두 마리에 불상과 경전을 싣고 왔다고 하여 붙여진 이름이다.

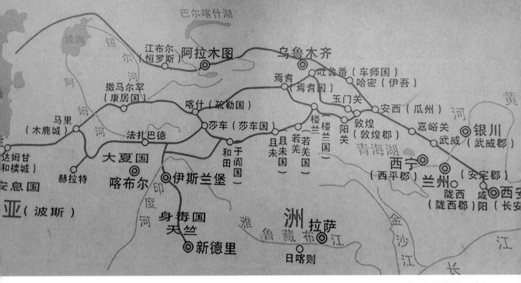

서역을 통한 불교 전래도

　당시 명제의 물음에 신하들이 서방에 불교가 있다고 대답하였다는 것
은 그 이전에 불교가 어느 정도 중국에 알려졌음을 의미한다. 한편, 실질
적인 중국 불교의 시작은 80년 후(147년) 서역에서 온 안세고(安世高)와
지루가참(支婁迦讖)에 의한 경전의 번역에서라고 한다.

불교의 중국 전파 경로

　초기에는 인도의 전도승들이 숭고한 사명감으로 인도의 서북부 지역
에서 출발하여 험한 파미르고원을 넘어 실크로드를 따라 불법을 전파해
나갔다. 시간이 지남에 따라 구법승들이 직접 인도에 가는 방식으로 인
도 불교와의 직접적인 만남이 많이 이루어졌다. 구법승들은 장안에서 출

발하여 하서회랑(河西回廊)을 거쳐 돈황에 도착한 후 옥문관이나 양관을 지나 서역으로 나아갔다. 동진(東晉, 317~420년) 시대 이후에는 서역을 거치지 않고 해로를 통해서도 전파되었다.

서역(西域)으로 가기 위해서는 끝없는 사막이 펼쳐지는 그야말로 '불모지대'를 지나고, 인도로 가는 데에는 설산으로 덮인 높은 고원을 넘어야 했다. 그 과정에서 천축에 가서 불타의 진리를 깨우치겠다는 웅대한 계획도 허사가 되고 사막이나 험준한 산맥에서 유명을 달리해 백골만 남겨 놓은 채 사라진 구도자가 한둘이 아니었을 것이다. 후대까지 이름이 남긴 스님들도 갖은 고생과 생명의 위험을 겪었고, 이렇게 많은 구도자들의 열정과 희생이 있었기에 불교는 동아시아로 널리 전해질 수 있었던 것이다.

#2
인도를 순례한 고승 이야기

법현법사

    법현법사(法顯法師, 338~423년)는 동진(東晉) 시대 고승이다. 불경을 공부하던 중에 중국에는 계율성전(戒律聖典)이 완비되지 않았음을 한탄하며 불타의 나라에 가서 이를 구하여 참다운 경전을 공부하려는 결심을 한 법현스님은 이미 60세를 넘은 399년 장안을 출발해 천축(인도)으로 향했다.

    돈황을 거쳐 타클라마칸 사막을 가로 지르고, 파미르고원과 눈 덮인 힌두쿠시산맥을 넘어 북인도에 들어섰다. 불적을 순례하고 범어와 경전을 익히면서 중인도, 서북인도의 여러 성지를 돌아본 후에 마가다국에서 「마하승기율」 등 중요한 불경을 얻고 파탈리푸트라(현재의 인도 파트나)에서 대중부의 율장을 필사하는 일에 힘쓴 후에 귀로에 오른다.

    법현스님은 이번에는 동인도로 나와 뱃길로 귀국길에 들어섰는데, 타고 온 상선이 항로를 이탈하는 등 갖은 고생을 한 끝에 동진 건강(建康)에 도착한 것이 413년으로 약 14년이 걸린 대여행이었다. 법현은 사막길을 거치고 설산을 넘어 인도에 들어가 구법하고 진귀한 경전들을 가지고 바닷길을 통해 돌아온 '최초의 중국인'이다.

　법현스님은 귀국 후 여행기인『불국기(佛國記)』를 쓴 데 이어『대반
니원경(大般泥洹經)』6권,『마
하승기율(摩訶僧祇律)』40권 등
모두 6부 63권을 번역하였으며,
번역된 경전들은 중국 불교에 깊
은 영향을 주었다. 여행기『불국
기』는 5세기 초 중앙아시아 일대
및 인도의 풍습과 불교를 이해하
는 데 없어서는 안 될 세계적 고

법현법사 구법 행로

전일 뿐만 아니라 그 후 현장법사 등 구법 순례의 안내서이자 자극서가
되었다.

현장법사

　현장법사(玄奘法師, 602~664년)는 628년 장안을 출발하여 두려움 없
이 바라는 길을 가면 '탁 트임'에 도달할 수 있으리라는 믿음에 의지하여
갖은 고생을 하면서 고비사막, 타클라마칸사막, 천산산맥, 파미르고원을
넘어 인도에 들어갔다. 나란다 등에서 구법을 하고 많은 진귀한 불교 경
전을 가지고 실크로드를 통해 645년 장안으로 돌아왔다. 몽매에도 그리
던 '서천취경(西天取經)'의 꿈을 실천한 것이다.

그 후 현장법사는 대자은사 등에서 불경 번역 작업에 정진하였다. 현장법사는 삼장법사로 널리 알려져 있는데, 엄밀한 의미에서 삼장(三藏)법사란 불교의 경(經), 율(律), 논(論) 삼장에 모두 정통한 뛰어난 승려를 지칭하는 명사이다. 대체로 중국에

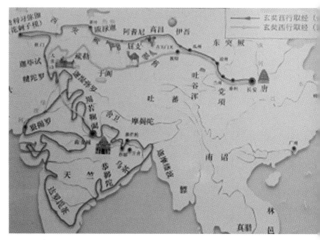

현장의 구법의 길

서는 인도와 서역에서 불경을 들여와 한자로 번역한 승려들을 역경삼장 또는 삼장법사라고 존칭했다.

현장법사는 구법수도와 실크로드를 오가면서 체험하고 견문한 내용을 기술한 『대당서역기(大唐西域記)』를 남겼는데 당시의 실크로드를 이해하는 데 없어서는 안 될 중요한 사료다. 이것은 황제의 특명으로 쓴 것으

『대당서역기』 등 저서 : 대자은사 현장삼장법사원

로서 현장법사가 구술하고 제자 변기(辯機)가 정리한 것이다. 『대당서역기』는 중앙아시아, 파키스탄, 인도 등지의 민족, 지리, 역사뿐만 아니라 중국과 인도 불교의 교류 등을 기록한 대하 기행기이자 불타의 진리를 탐구하는 길을 가기 위해 온갖 역경과 싸워나간 수도의 일지이기도 한다.

현장법사의 서천취경(西天取經)을 위한 고난의 여행 이야기가 차츰 민간에도 알려져 전설화되고 기상천외한 공상도 가미되어 그로부터 약 1,000년 후에 오승은(吳承恩)은 『서유기(西遊記)』를 써서 독자적인 문학 세계를 창조하였다. 현장삼장(玄奘三藏)과 손오공(孫悟空), 저팔계(猪八戒), 사오정(沙悟淨) 등 일행이 불전을 구하러 인도로 가는 과정에서 무수한 요귀와 귀신들을 물리치고 마침내 서천취경을 이룩한 이야기를 담고 있다.

『서유기』는 『삼국지연의』, 『수호전』, 『금병매』와 함께 중국 4대 기서 중의 하나로 일컬어지고 있다. 희극적·모험적·신마적(神魔的) 요소를 가지고 있을 뿐 아니라, 사회 현상과 관료 제도를 암암리에 비판하고 인간의 노력과 인내를 우화적으로 표현했다는 점에서 많은 사람의 사랑을 받았다. 현재도 드라마, 영화로 각색되어 인기를 누리고 있다.

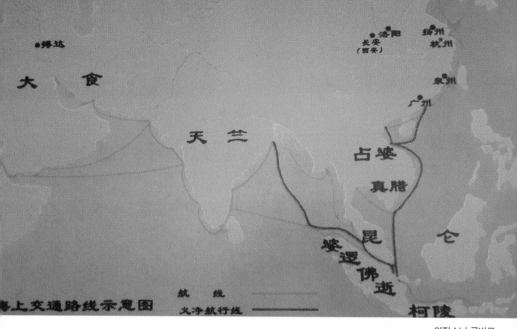

의정스님

의정(義淨)스님(635~713년)은 어릴 때 출가하였으며 15세 때 인도로 구법 여행 갈 것을 결심하여 결국 당 고종 2년(671년) 양주(揚州, 양저우)에서 광주(廣州, 광저우)로 가서 배를 타고 인도행에 올랐다. 광주를 떠난 지 2년 뒤인 673년 갠지즈강 하류에 도착했다. 여러 성지를 순례하고 나란다대학에서 10년간 머물며 불경을 공부하였다.

685년 귀국길에 오르는 도중에 많은 분량의 범어 문헌을 번역하기 위해 수마트라섬의 슈리비자야국으로 가지고 갔다. 이 왕국은 인도네시아에 자리 잡은 사이렌드라 왕조가 세운 왕국이다. 사이렌드라 왕조는 자바에 있는 보르보두루 대탑 건립을 후원할 만큼 불교를 숭상하는 국가였다. 슈리비자야국에서 번역 작업을 계속하다가 695년 마침내 중국으로 돌아왔다. 장장 25년 동안 해로를 이용한 구법 활동이었다.

당시는 권력을 장악하고 있었던 측천무후가 구법승에게 벼슬을 내리고 있었다. 그러나 의정스님은 역경을 원했으며 이를 위해 머무른 사찰이 바로 천복사이다. 의정스님은 706년부터 천복사(薦福寺) 번경원에서 역경에 몰두하여 68부 290권이나 되는 방대한 경전을 번역했다. 천복사는 홍선사, 자은사와 더불어 장안 3대 역장으로 불렸다.

의정스님의 위대한 공훈은 인도 여행 경험을 바탕으로 『남해기귀내법전(南海寄歸內法傳)』과 『대당서역구법고승전(大唐西域求法高僧傳)』을 저술한 데서 더욱 빛이 난다. 전자는 인도와 남해 여러 나라 불교 교단의 현황과 계율, 사원의 운영과 생활의 구체적인 모습을 상세히 기록하고 있다. 후자는 당 태종 15년(641년)부터 측천무후 시기까지 약 40여 년간 인도와 남해에 구법 여행한 61인의 승려를 전기 형식으로 소개한 책이다. 이 중에는 신라 출신 승려 7인도 포함되어 있다. 당시 인도와 동남아시아의 불교 사정과 동·남해 항로 이해에 귀중한 자료가 되고 있다.

#3
유명한 사찰

법문사

　황제가 법문을 듣던 법문사(法門寺)는 서안에서 서쪽으로 110km 떨어진 곳에 위치하며, 말 그대로 불법의 문을 연 절이다. 2세기 후반 후한 영제(靈帝) 때 세워졌다. 본래 명칭은 아육왕사였다가 수나라 때 성실사(成實寺)로 개칭하고, 당나라 초기에 법문사로 이름이 바뀌었다. 법문사의 창건 유래와 관련해서 이야기가 내려오고 있다.

　법문사는 부처 손가락 사리인 진신사리가 봉안되어 있으며, 사리를 보관한 탑은 북위 효문제(孝文帝) 재위 때(477~499년) 건조되었다. 북주 무제(武帝)가 훼불(毁佛)할 때 법문사와 탑이 파괴되었으나, 수 문제가 천하 31주(州)에 부처 사리탑을 건조하라 명령했을 때 법문사도 그중의 하나이다.

　당 태종 때부터 법문사가 흥성하기 시작했다. 최고 전성기 시절 법문사의 사리 공양은 유명했다. 북위부터 당에 이르기까지 황제의 부처님 지골사리의 영봉은 9번 이뤄졌으며, 그중 7차례가 당나라 시기 법문사에서 봉행됐다. 중종은 710년 법문사를 '성조무우왕사(聖朝無憂王寺)'로 바꾸라고 조서를 내리고 사리탑을 '대성진신보탑(大聖眞身寶塔)'이라고 하여 진신보탑의 유래가 되었다.

법문사 유래

법문사의 연원은 인도 아쇼카왕 시대까지 거슬러 올라간다. 부왕의 신임을 받지 못했던 왕자 아쇼카는 101명의 형제 중 99명을 살해하며 왕좌를 차지했다. 이후 대제국을 세운 그는 수많은 살생에 대해 참회하고 불교에 귀의했다.

아쇼카왕은 중국에 스님을 보냈으며, 스님들은 부처님 진신사리 19과를 가지고 왔지만 당시 불법을 전할 수 있는 환경이 되지 않아 훗날을 기약하며 서안 인근인 성총(聖寵)에 묻어 두고 그곳에서 수행하다 입적했다.

이후 안식국의 왕자이자 걸출한 역경가였던 안세고(安世高)가 중국에 들어와 서안 성총에 머무르던 중에 오색 광채가 북두칠성까지 뻗어 있는 것을 보게 되고 그 자리를 파보니 푸른 벽돌에 쓰인 산스크리트 문장과 함께 진신사리가 있었다. 사리 중 부처님의 손가락 사리를 모신 곳이 법문사의 전신인 아육왕사(阿育王寺)다.

1568년 지진으로 인해 진신보탑이 무너졌는데, 1579년에 이르러서 불심으로 성금이 모아져 탑이 중건되었으며, 이때 건축된 것이 8각 9층 전탑이다. 진신보탑은 법문사에서 가장 오래된 상징으로 남아 있었으나, 지반이 함몰되면서 서서히 기울어지기 시작하더니 끝내 서쪽 면이 붕괴되고 남은 탑의 반쪽도 완전히 허물어지고 말아 1987년 보수하게 되었다.

진신보탑을 보수하던 도중에 조그마한 석문이 발견되었으며, 그것은 1,000년 동안 숨겨 왔던 지하 궁전으로 들어가는 비밀의 문이었다. 당 의종은 진신사리탑 지하에 지하 궁전을 만들고 그 안에 지골사리(指骨舍利)를 봉안하고

법문사 진신보탑

석가모니 불지사리 보관 팔중보함

밀봉해 사람들의 접근을 막았었다. 전설로 내려온 지골사리 4과와 함께 백옥으로 정교하게 만든 아육왕탑, 금으로 만든 봉진신보살(捧眞身菩薩), 측천무후의 자수치마, 온갖 금관과 은곽, 비취색 자기, 금으로 만든 석장(錫杖) 등 3,000여 점의 문화재가 쏟아져 나왔다.

대흥선사

대흥선사(大興善寺)는 서진 무제 때인 265년에서 289년까지 축조되었으며, 수나라 때 확장 공사를 하고 대흥선사라 불리었다. 당나라 때 번성했으며 장안 최고의 밀교(密敎) 사찰이었다. 대흥선사는 이름처럼 선업을 많이 쌓은 절이다. 당나라 때 외국의 승려들이 가장 많이 머문 절이기 때문이다.

이곳에서 선무외(善無畏)가 밀교를 중국에 처음으로 전했다. 선무외는 중천축 출신의 왕족으로 출가 후에 나란타사에서 공부하고 다르마굽타(Dharmagupta)로부터 밀교를 학습했다. 당 현종 개원 4년(716년) 장안으로 들어왔다. 현종으로부터 국사라는 칭호를 받고 불경을 번역하고 제자를 양성했다.

흥선사

　금강지(金剛智)는 남천축 출신의 인도 승려다. 10세 때 나란타사로 출가하여 20세에 구족계를 받았다. 그리고 대승과 소승 경전을 두루 공부하고 현교와 밀교에 통달했다. 스리랑카를 거쳐 719년 중국 남쪽 광주로 들어 왔다. 이듬해인 720년 초 낙양으로 간 다음에 장안과 낙양을 오가며 자은사, 천복사, 흥선사 등에서 불경을 강독하였다. 금강지는 중국 밀교의 종조(宗祖)로 추앙받고 있다.

　불공(不空)은 스리랑카 출신으로 삼장에 능통했기 때문에 불공삼장으로도 불린다. 14세 때 자바섬에서 금강지를 만나 그를 따라 720년 낙양으로 들어 왔다. 724년 구족계를 받고 불경 번역에 몰두했다. 인도어, 스리랑카어, 자바어, 중국어 등 여러 언어에 능통했기 때문에 남들이 12년 걸리던 번역을 단 6개월 만에 해내는 뛰어난 능력을 발휘했다고 한다. 평생을 불경 번역과 전교에 힘써 남긴 역경이 120권이 넘는 것으로 알려져 있다. 당 대종(代宗)으로부터 대광지삼장(大廣智三藏)이라는 호를 받았다.

이외에도 많은 외국 스님들이 대흥선사에서 활동하였다. 혜초스님은 인도에서 구법하고 돌아와 대흥선사에서 오랫동안 밀교를 연구하고 불경을 번역했다. 신라 혜통스님이 무외삼장(불공삼장) 문하에서 공부를 했던 곳이다. 일본의 공해선사도 이곳에 와서 수행했다고 전한다.

초당사

초당사(草堂寺)는 서안에서 35km 떨어져 있으며, 종남산(終南山) 자락에 자리 잡고 있다. 동진(東晋, 317~420년) 말기에 건립 된 사찰이다. 수당 시기 고승 길장(吉藏)스님이 구마라습(鳩摩羅什)이 번역한 『중론(中論)』,『백론(百論)』,『십이문론(十二門論)』 3부 논전을 기초로 하여 삼론종(三論宗)을 창립하였고 구마라습을 삼론종의 시조로 모셨다.

초당사

구마라습은 현장법사와 더불어 중국 불교의 2대 역성(二大譯聖)으로 꼽힌다. 구자국(龜玆國) 사람으로 일곱 살 때 출가하여 모친과 함께 서역의 여러 나라를 다니면서 소승불교와 대승불교를 모두 배워 그 명성이 일찍부터 서역과 중국에까지 널리 퍼졌다. 전진(前秦)의 부견왕은 여광(呂光)에게 구자국을 쳐서 그를 모셔올 것을 명하였으나 여광이 돌아올 무렵에는 전진이 망하고 후진이 일어났다.

여광은 도중에 양주(涼州, 현재 감숙성 무위)에서 후량(後涼)을 세운다. 구마라습도 그곳에서 약 17년간 머무르다 후진(後秦)의 요흥(姚興)이 후량을 토벌할 때 구마라습을 장안으로 모셔오게 된다. 그 후 12여 년 동안 오로지 역경과 강설에 주력하여 문하에 3,000여 명에 이르는 제자를 두었으며, 처음으로 인도의 대승불교 반야부(般若部) 경전 전부를 완전하게 번역함으로써 중국 불교의 발전에 중요한 역할을 하였다.

구마라습 사리탑

초당사에는 구마라습의 사리탑이 보존되어 있다. 구마라습은 임종에 즈음하여 "나의 번역에 오류가 없다면 내 시신을 화장한 뒤에도 혀가 타지 않을 것이다(若所傳無謬者 當使焚身之後 舌不焦爛)."라는 절대 자신감을 반영한 유언을 남겼다. 이 말대로 다비식 이후 오직 혀만이 그대로 남았다고 이야기가 전하는데 구마라습의 역경의 위대함에서 나온 것이다.

한편, 초당사는 규봉종밀(圭峰宗密, 780~841년) 대사가 말년에 은거하면서 저작 활동에 전념하였던 곳이다. 규종종밀은 당시에 유행하던 불교 여러 학파의 사상을 종합적으로 정리하였고, 그것을 기반으로 기존의 유교나 도교를 비판적으로 수용하고 정리한 위대한 사상가이자 종교적 실천가였으며, 화엄종(華嚴宗)의 제5조(祖)로 칭송되고 있다.

초당사는 당 태종과의 인연도 전해지고 있다. 606년 이세민이 아홉 살 때 몸이 약해 자주 병을 앓자 부친인 이연(李淵, 훗날의 당 고조)은 이세민이 부처님의 은혜를 받을 수 있도록 불상을 만들어 초당사에 모셨다. 이세민은 어릴 때의 이 은혜를 잊지 않았고, 나중에 직접 시를 지어 초당사와 불교 고승에 대한 존경을 표시했다. 한편, 초당연무(草堂烟雾)는 관중 8경의 하나였으며 종남산 초당사에 피어오르는 아침의 짙은 안개를 말한다.

지상사와 화엄사

화엄사(華嚴寺)의 창건 시기는 알 수 없으나 당나라 때에는 큰 규모의 사찰이었다. 다섯 개의 사리탑이 있었던 것으로 전해졌으나, 청나라 건륭(乾隆) 시기에 산사태로 인해 절의 대부분이 매몰되고 초조 두순(杜順)과 4조 징관(澄觀)의 탑만이 남았다. 왼쪽 탑이 두순대사 사리탑, 오른쪽 탑은 징관대사 사리탑이다. 현재 한창 사찰 수리 작업이 진행 중이다.

화엄사 사리탑

지상사(至相寺)는 중국 화엄종의 조정(祖庭)이자 발상지로서 실질적인 화엄종의 종찰로 손꼽히는 사찰이다. 지상은 가장 높은 가르침을 뜻한다고 한다. 수나라 문제 개황(開皇) 초년에 동연법사(彤淵法師)가 창건했다고 전해지며 당나라 시기에 전성기를 맞는다. 화엄종 2조 지엄(智儼), 3조 법장(法藏) 등이 지상사에 주석하면서 화엄종을 전파했다.

지상사로 가기 위해서는 천자곡(天子谷)이라는 굽이굽이 난 가파른 계곡 길을 올라가야 한다. 이 계곡 길이 나 있는 계곡을 초기에는 편재곡(楩梓谷)이라 했으나 당나라 때부터 천자곡(天子谷)이라 했다고 한다. 천자곡이라 불리는 것과 관련한 이야기가 전해온다. 당 고조 이연이 수양제 양

지상사

광과 싸우다 수세에 몰리자 지상사에 머무르게 된다. 이때 태어난 아이가 태종 이세민이다. 이런 이유로 해서 지상사는 태종의 피서지가 되고 태종이 자주 찾아와 향을 올렸다고 한다. 아마 편재곡이 천자곡으로 이름이 바뀐 것은 이세민이 태종 황제로 등극한 이후가 아닌가 생각된다.

화엄종은 "하나가 일체요, 일체가 곧 하나"여서 우주 만물이 서로 융통하고 화해하며 무한하고 끝없는 조화를 이룬다고 본다. 화엄종의 성립은 두순(杜順)에 의해서였으며, 화엄종의 학설을 완성한 것은 두순의 제자 지엄(智儼)과 제3조 법장(法藏)으로 바로 측천무후의 시대였다. 특히, 법장은 『화엄경』 신역 사업에 참여했을 뿐만 아니라 정치적인 활동에도 탁월한 능력을 가져 측천무후와 조정의 귀족들과도 깊은 관계를 맺고 있었는데 이러한 정치적 배경을 통해 화엄종을 널리 확장시킬 수 있었다.

정업사

정업사(淨業寺)는 수나라 말엽, 당나라 초기에 세워졌으며 종남산 북쪽 산기슭의 봉황산에 있다. 도선(道宣)스님(596~667년)이 수행하며 불법을 전수하던 곳이다. 도선스님은 현장법사가 홍복사(弘福寺), 서명사(西明寺)에서 역경 불사를 할 때 산을 떠난 것 이외에는 40여 년을 정업사에서 정진하며 1,000여 명의 제자들에게 전수하였다. 도선율사(道宣律師)라고도 부르며 사찰 동북쪽에는 도선스님의 사리탑이 있다.

업사

　도선스님은 계단(戒壇) 연구의 교과서라 할 『계단도경(戒壇圖經)』을 저술하고 정업사에서 계단을 창립하였다. 계단은 수계 의식과 설계(說戒)를 위한 성역이다. 율사이자 역사가인 도선스님은 문헌과 구법승 및 서역 왕래 상인들에게서 얻은 지식을 바탕으로 3중 방형 기단과 그 중심에 복발, 보주를 올린 계단을 설계하였다. 계율, 계단, 의식을 통하여 석가모니로부터 직접 비롯된 불가해한 힘의 원천을 종교적 영향력의 심오한 근원으로 재현한 것으로 평가된다.

흥교사와 사리탑

흥교사(興敎寺)는 절의 이름에 드러나 있는바와 같이 중국불교를 크게 흥왕하게 한 역경삼장(譯經三藏) 현장법사(玄奬法師)의 위대한 업적을 기리는 사찰이다. 인도에서 구법 여행을 하고 돌아온 현장은 약 20년 동안 자신의 일생을 경전 번역에 바친다. 그리고 「유가론(瑜伽論)」과 「성유식론(成唯識論)」으로 대표되는 경전의 번역을 기반으로 '유식종(唯識宗)'을 창시하게 된다.

산골짜기 외진 곳에 자신을 안치해 달라는 현장의 유언에 따라 고종은 화장한 현장의 유골을 장안 동쪽 교외의 백록원(白鹿原)에 묻었다. 백록원은 지세가 높아 대명궁(大明宮) 함원전(含元殿)에서도 현장법사의 묘가 보이므로 현장을 존경했던 고종은 함원전에서 백록원을 바라보며 그의 유골이 안전한지 노심초사하며 눈물을 흘렸다고 한다. 이에 측

천무후가 현장의 유골을 장안 남쪽의 소릉원(少陵原)으로 이장하면서 사리탑을 세웠다고 하며, 사찰도 세웠는데 이것이 바로 흥교사다.

흥교사라는 이름은 후에 숙종이 현장의 사리탑에 '흥교(興敎)'라는 글자를 써넣으면서 지어진 것으로 불교를 크게 일으킨다는 의미다. 법당 입구에는 청나라 말기의 대표적인 경세가이며 사상가였던 강유위(康有爲)가 쓴 '興敎寺'라는 현판이 눈길을 끌고 있다.

흥교사에는 현장과 원측(圓測)과 규기(窺基)의 사리탑이 나란히 모셔져 있다. 이를 흥교사탑이라고 하며 2014년에 세계문화유산으로 등재되었다. 세 탑의 명칭은 각각 당삼장탑, 측사탑(測師塔), 기사탑(基師塔)이다. 21m 높이의 당삼장탑을 가운데 두고 그 양쪽으로 7m 높이의 측사탑과 기사탑이 시립(侍立)하고 있다.

천복사와 소안탑

당 고종 이치(李治)의 죽음 100일을 기하여 창건(684년)되었다. 고종이 승하하자 측천무후가 명복을 빌기 위해 중종 이현(李顯)이 즉위하기 전에 살았던 저택을 절로 바꾼 후 헌복사(獻福寺)라 불렀다. 측천무후가 690년 등극한 후에 절 이름을 천복사(薦福寺)로 바꾸고 자신이 직접 쓴 사액을 내렸다. 중종 때 천복사는 더욱 번창하여 장안의 거찰로 이름을 날렸다.

소안탑(小雁塔)은 의정(義淨)스님이 인도에서 가져온 불경을 보관하기 위해 천복사(薦福寺) 경내에 세운 탑이다. 처음에는 약 53m의 15층탑이었으나 지진으로 2층이 무너지고 지

소안탑

금은 13층 43.38m만 남아 있다. 대자은사의 대안탑과 비교해 그 높이나 규모가 작기 때문에 소안탑이라는 이름이 붙여졌다고 한다.

소안탑에는 지진과 기단석에 얽힌 흥미로운 이야기가 전해진다. 1487년에 발생한 지진으로 소안탑의 기단석이 반으로 갈라졌으나, 34년이 흐른 1521년에 또 한 번의 지진이 일어났는데 다음날 살펴보니 갈라졌던 돌이 다시 붙어 있었다. 사람들은 부처님이 기적을 일으켜 합쳐 주었다고 '신합(神合)'이라 불렀다. 사실 이것은 건축물을 지을 때 기단에 사용한 반구형 돌이 외부에서 힘을 받으면 돌 안에서 내부 응력이 생겨나 갈라진 돌이 서로 붙는 현상이라고 한다. 이에 관한 일화는 명나라 가정(嘉靖) 34년(1555년)에 기록된 탑 아래층에 남은 제기로 보이는 것에 기록되어 있다.

대안탑에서 명·청 시대에 향시 합격자들이 당나라 때 진사 합격자들이 행한 '안탑제명'을 모방하여 향시의 무과(武科)에 합격한 거인들이 소안탑에 안탑제명을 남겼다고 한다. 한편, 천복사 내에는 금나라 때 만든 10톤 규모의 거대한 철종(鐵鐘)이 있다. 이 철종은 천복사 내 종루 안에 있으며 밖에는 같은 크기로 만들어진 복제품이 있다. 소안탑을 본 후 옆에 있는 '서안박물원(西安博物院)'을 방문하면 시안의 발전 역사를 살펴보고 청동기, 자기, 옥기, 불상 등 다양한 유물들을 감상할 수 있다.

전복사 복제 철종

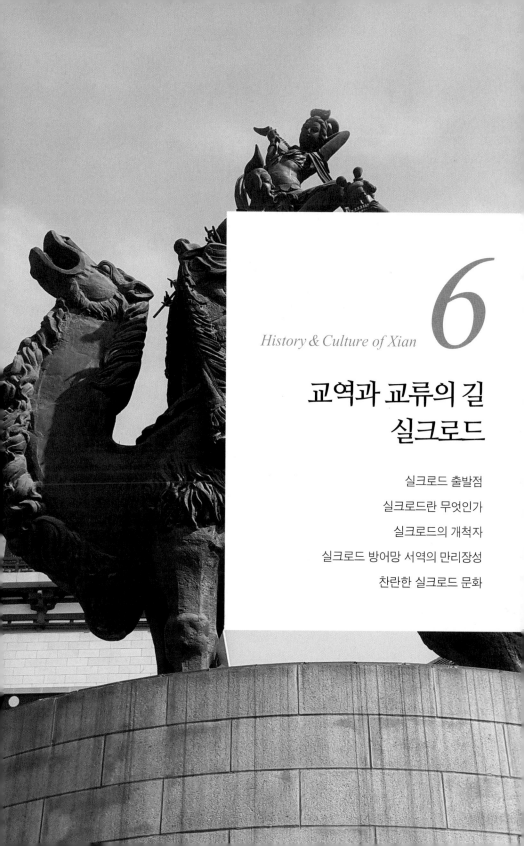

History & Culture of Xian

6

교역과 교류의 길
실크로드

#1
실크로드 출발점

대당서시

중국 역사상 가장 국제적이고 개방적이었던 왕조인 당나라의 수도 장안에는 동시(東市)와 서시(西市)라는 두 개의 시장이 자리 잡고 있었다. 동시가 권문세가들이 동쪽에 거주하고 있었던 만큼 주로 고관들을 대상으로 하는 시장이었다면 서시는 일반인들이 사용하는 대중적인 시장이었다. 특히, 외국인들은 서시에서 거래하였으므로 서시야말로 국제시장이었으며 중앙아시아, 페르시아, 아라비아 등 멀리 서역에서 온 상인들의 낙타 행렬들이 쉴 새 없이 오가던 시장이었다.

서시가 실크로드를 통한 국제적인 교역 시장으로 번성하다 보니 수만 개의 상점이 있었고, 중국 내의 물건은 물론 다른 나라의 물건으로 넘쳐 났다. 비단과 도자기 등이 서역으로 나갔으며 유리, 보석, 향신료 등이 서역에서 들어 왔다. 이에 따라 상인들로 북새통을 이루었으며 여관, 식당, 술집들도 즐비하였다.

당나라 때 서시가 있었던 곳을 '대당서시(大唐西市)'로 복원하여 복합 문화 쇼핑거리로 단장하였다. 실크로드를 상징하는 대형 조형물과 낙타 상이 웅장하게 세워져 있어 실크로드 분위기가 물씬 풍긴다. 대당서시 광장에서는 종종 문화 공연이 진행되어 이곳을 찾는 사람들에게 재미를 더해 주고 있다.

한나라 황궁 미앙궁

한나라 장안성에는 장락궁(長樂宮), 미앙궁(未央宮)을 비롯하여 명광궁(明光宮), 북궁(北宮), 계궁(桂宮) 등 여러 개의 궁전이 있었다. 한 무제 때 미앙궁 북서부에 건장궁(建章宮)이 세워지고 북쪽에 태액지(太液地)가 조성되었다. 건장궁과 미앙궁은 각도(閣道)로 연결되어 땅을 밟지 않고도 두 궁을 오갈 수 있었다고 하며 이는 당시의 호화로움을 가늠케 한다. 그러나 이후 끊임없이 일어나는 정변과 전란으로 궁전이 약탈되고 소실되어 화려했던 장안성은 흙먼지 가득한 황무지로 전락하게 된다.

미앙궁에서 서한(西漢)의 12명의 황제가 나라를 다스렸다. 유방이 항우와의 천하 쟁탈전에서 승리하고 한나라를 세워 황제로 등극하자 승상

장안성 유적지

소하가 건립한 황궁이다. 당시 유방은 미앙궁을 보고 아직 천하가 안정되지 못했는데 호화스러운 궁전을 지었다고 화를 냈지만, 황제의 권위를 세우기 위해서는 반드시 필요하다는 소하의 설득에 수긍하고 받아들였다는 고사가 전해진다.

오늘날 미앙궁 궁전은 남아 있지 않고 터만 남아 있으나 묵묵히 '실크로드'의 역사를 입증하고 있다. 실크로드는 2014년 6월 22일 중국이 카자흐스탄, 키르기스스탄과 공동으로 신청하여 세계문화유산으로 등재되었으며, 중국 구간 유산의 정식 명칭은 '실크로드 : 장안 - 천산(天山) 회랑 노선망'이다. 여기에 미앙궁 유적지가 포함되어 있다. 장건(張騫)이 한 무제의 명을 받고 대월지와의 동맹을 위해 바로 미앙궁에서 서역으로 떠났으며, 장건의 서역 여행이 실크로드 개척의 계기가 되었기 때문에 미앙궁은 실크로드의 기원과 관련된 상징적 장소라고 할 수 있다.

미앙궁 유적지

#2
실크로드란 무엇인가

실크로드의 용어

실크로드란 말은 19세기 말 독일의 지리학자 리히트호펜(Richthofen)
이 쓰면서 시작되었다. 그는 『중국(China)』이라는 책에서 중국으로부터
중앙아시아를 경유해 서쪽 지역으로 수출되는 주요 물품이 비단(silk)이
라는 사실을 감안하여 이 교역로를 독일어로 '자이덴슈트라센'('자이덴'
은 비단, '슈트라센'은 길을 의미, 영어로 Silk Road)라고 명명하였다.

고대 실크로드

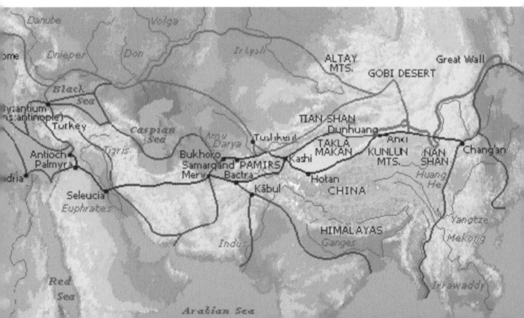

그 후 스웨덴의 허틴(S. Hutton)과 영국의 스타인(A. Stein) 등에 의해 중앙아시아 각지뿐만 아니라 지중해 동쪽 해안에 위치한 시리아 팔미라에서도 중국의 견직 유물이 다량 발굴되었다. 팔미라는 오래된 고대 교통 요지 도시로서 문화 유적지가 많이 남아 있는 곳이다. 이를 근거로 독일의 동양학자 알베르트 헤르만(Albert Herrmann)은 실크로드를 재확인하였다.

실크로드의 역할

동양과 서양의 문명이 교류했던 길, 인류 문화와 역사상 가장 선명한 의미의 발자취를 남긴 곳이 바로 실크로드이다. 역사적으로 실크로드가 처음 열린 것은 전한 때이나 실제로는 그보다 훨씬 전에 실크로드가 열렸을 것으로 보고 있다. 이 길을 통해 중국으로부터 비단을 비롯하여 도자기, 차 등이 수출되고 호박, 향료, 면화, 토마토 등 농작물과 천문역법, 아랍어 숫자 등이 중국으로 들어왔다.

나아가 실크로드를 통해 종교가 전래되고 동서양 간 문화의 교류도 활발히 이루어졌다. 기원전 3~4세기 이후 인도 불승들이 파미르고원, 히말라야산맥을 거쳐 타클라마칸사막을 지나 천산산맥을 넘어 고비사막의 하서회랑 길로 들어서서 중국에 불교를 전하게 되면서 고승들이 오가게 되는 주된 길이 실크로드였다. 물론 이슬람교도 실크로드를 통해 중국에 전래되었다. 또한, 조로아스터교, 마니교, 그리고 네스토리우스파 경교(景敎)도 전래되어 당나라 장안에서 상당히 흥성하기도 하였다.

실크로드의 주요 통로

실크로드는 지금의 서안인 장안에서 시작하여 천수(天水, 티엔수이)를 거쳐 하서회랑(河西回廊)을 따라 돈황(敦煌)에 이르고, 돈황에서 서역 남북 양도로 나뉘었다. 돈황에서 서역으로 가기까지에는 위로는 천산(天山)산맥, 아래로는 곤륜(崑崙)산맥, 가운데는 타림분지에 자리 잡은 타클라마칸사막(위구르어로 '돌아올 수 없는 사막'이란 뜻), 서쪽으로는 파미르고원이 높게 펼쳐져 있다.

서역 남도는 양관(陽關)을 기점으로 미란으로부터 곤륜산맥의 북쪽이자 타클라마칸사막 남쪽 오아시스 도시인 니야, 호텐 등을 지나 야르칸드에 이른 후 파미르고원을 넘어 대월지가 있는 아프가니스탄 북부로 나갔다. 남도는 다시 야르칸드의 동쪽에서 서남쪽으로 파미르고원을 넘어 인도 북쪽으로 가는 길도 있었다.

서역 북도는 옥문관(玉門關)을 기점으로 타클라마칸사막의 북쪽 지역에 위치하며, 전설의 왕국 누란을 통과하여 고창국이 있었고 화염산(火炎山)으로 유명한 투루판 지역으로 나아가 천산산맥 남쪽을 따라 쿠차를 경유하여 카슈가르에서 파미르를 넘어 사마르칸드 쪽으로 가는 길이었다.

실크로드를 통한 교역이 가장 활발하던 시기는 당나라 때였다. 돌궐이 동·서 양국으로 분열되고 서돌궐에 내란이 발생한 것을 계기로 당 태종은 군대를 파견하여 서돌궐을 제압했다. 이무렵 로프노르호수 일대의 건조화가 진행되어 서역 남도의 이용도가 낮아졌다.

반면에 돈황에서 북상하여 하미를 경유해 투루판에서 카슈가르로 향하는 서역 북도가 천산 남로라는 이름으로 불리고 이용도가 높아지고 천산산맥 북쪽을 지나는 천산 북로가 개발되었다. 당 태종은 구자(龜玆)와 북정(北庭)에 각각 안서도호부(安西都護府)와 북정도호부를 설치하여 천산 남북로를 관장하게 했다.

감숙성 실크로드

실크로드는 국제 통로이자 전략적 요충지고 역사적으로 한족과 흉노, 돌궐, 몽골 등 이민족들의 각축장이었다. 한편으로 교류가 이루어지면서 많은 문화유산들이 축적되어 곳곳에 널려 있는 유적지와 명승지는 흥미진진했던 이야기들을 간직하고 있다.

감숙성은 하서회랑(河西回廊)이 길게 뻗어 있어 실크로드의 황금 구간이라고 불린다. 하서회랑에서 '하'는 황하를 의미하고 '서'는 황하의 서쪽 지역을 말하는데 황하 서쪽의 좁고 긴 길이라는 뜻이다. 남쪽의 기련(祁連)산맥을 따라 900km 이상 이어져 있으며 폭은 좁은 곳은 수 km에서 넓은 지역은 100km에 이른다.

감숙성의 주요 실크로드 도시로는 천수(天水, 티엔수이), 난주(蘭州, 란저우), 무위(武威, 우웨이), 장액(張掖, 장예), 주천(酒泉, 지우첸), 가욕관(嘉峪關, 자위관), 돈황(敦煌, 뚠황) 등이 있다.

천수

'하늘의 물'이라는 뜻의 천수(天水)는 팔괘를 만든 복희(伏羲) 사당이 있다. 중국 최초 통일 국가인 진나라의 역사가 시작된 곳으로서 진주(秦州, 친저우)로 불리기도 했다. 중국 4대 석굴 중 하나인 맥적산(麥積山, 마이지산) 석굴로 유명하다. 『삼국지』에서 제갈량이 전투에 참패한 책임을 물어 눈물을 머금고 마속(馬謖)의 목을 벴다는 '읍참마속(泣斬馬謖)'의 전투 현장 가정(街亭)도 천수에 있다.

난주

맹금류 금식편 유물

감숙성의 성도인 난주(蘭州)는 장안과 서역을 연결하는 교통 요지로서 실크로드의 거점 도시였다. 감숙성 역사박물관에는 실크로드 교류사를 보여주는 유물들이 수십만 점 전시되어 있다. 실크로드의 상징인 '마답비연(馬踏飛燕)' 진품도 볼 수 있다. 또한, 춘추(春秋) 시대 진나라 귀족 묘에서 도굴되어 프랑스에 유출되었다가 반환되어 문화재 반환이라는 측면에서 관심을 끌고 있는 맹금류 금식편(金飾片)이 전시되고 있다.

무위

무위(武威)는 하서회랑의 동쪽 끝에 있는 도시이며 마답비연(馬踏飛燕)이 발견된 곳이다. 원나라 쿠빌라이가 세운 라마교 양식의 백탑사(白塔寺), 서하 문화의 역사를 간직한 호국사(護國寺)도 있다. 당나라 대불을 감상할 수 있는 천제산(天梯山) 석굴을 만날 수 있다. 무위는 한나라 시대에는 양주(凉州)라 하여 하서회랑의 동부 중심지였다.

장액

장액(張掖)은 단하지모(丹霞地貌) 지질공원 칠채산(七彩山)으로 유명하다. 일곱 가지 무지개 색채를 띠는 칠채산의 공식 이름은 '장액단하국가지질공원'으로 단하는 붉은 노을을 뜻한다. 무지개산으로 불리는 이 산은 해발 2,180m에 동서로 약 45km, 남북으로 약 10km에 이르고 층층이 교착되는 기이한 형상이다. 붉은 사암이 주종인 퇴적층 산자락이 햇빛이 비치는 방향에 따라 여러 가지 색으로 단장하고 있다. 빨간색과 노란색 등이 섞여 오묘한 빛을 내는 산들이 끝도 없이 펼쳐진다. 『동방견문록』을 쓴 마르코 폴로가 장액의 풍광에 반해 일 년을 머물렀다고 한다. 장액에는 34.5m의 거대한 와불이 있는 대불사(大佛寺)도 있다.

칠채산 전경

주천

주천샘

주천(酒泉)은 이름에서 알 수 있듯이 술로 유명한 도시이다. 한 무제가 곽거병 장군에게 흉노 토벌의 무훈을 축하하는 뜻으로 어주(御酒, 임금의 술)를 하사하였다. 곽 장군은 군사는 많고 술의 양은 적어 할 수 없이 샘물 속에 쏟았더니, 그 샘물이 전부 술로 변해 '주천(酒泉)'이라 이름 지었다고 한다. 주천 시내에는 곽거병 장군의 일화가 얽혀 있다는 샘이 남아 있는데 지금도 샘물이 솟아오르고 있다.

야광배(夜光杯)는 주천에서 생산되는 술잔이다. 깊은 밤에 술을 채워 달빛 아래 술잔을 두면 달빛이 투영되어 환하게 빛난다 해서 야광배라는 이름을 얻게 되었다. 야광배에 관한 당나라 시인 왕한(王翰)이 지은 「양주사(凉州詞)」가 유명하다.

葡萄美酒夜光杯(포도미주야광주)
欲飮琵琶馬上催(욕음비파마상최)
醉臥沙場君莫笑(취와사장군막소)
古來征戰幾人回(고래정전기인회)

포도미주를 야광배에 따르고,

마시려고 하니 말 위에서 비파소리가 재촉하네.

모래판에 누워 취했다고 비웃지 마시오.

예로부터 전쟁에 나가 몇 명이나 돌아왔소?

한나라 시대에 곽거병 장군이 흉노를 공략하는 거점이었을 정도로 군사적 요지였던 주천은 지금도 국방에 있어서 중요한 곳이며 위성 발사 센터가 있다. 또한, 바람이 매우 강해 풍력 발전소가 많이 세워져 있고 태양전지 에너지 생산도 많아 신에너지 기지로 각광받고 있다.

가욕관

가욕관(嘉峪關)은 하서회랑 중부에 위치하며 주천시에서 분리된 도시이다. 설산인 기련산(祁連山)을 배경으로 세워진 명나라 만리장성의 서쪽 끝이라는 가욕관이 우뚝 서 있다. 가욕관시 동북쪽 20㎞ 떨어진 신성향(新城鄉) 사막에는 위진벽화묘(魏晋壁畵墓)가 있다. 그림의 소재는 농경, 목축, 물 긷기, 수렵, 조림, 뽕잎 따기, 개간, 성벽 쌓기, 부엌일, 연회, 악기 연주, 나들이 가기, 마차, 비단 옷감, 그릇 등의 현실 생활 모습들이다.

돈황

가욕관에서 서쪽으로 400km 정도를 가면 실크로드의 꽃 돈황(敦煌)에 이른다. 서역 남북로가 갈리는 지점으로서 실크로드의 풍부한 문화유산이 전해지고 있다. 수많은 문화유산 중 백미는 막고굴(莫高窟) 석

명사산과 월아천

굴이다. 막고굴은 세계에서 현존하는 규모가 가장 크고 가장 완전한 불
교 예술의 보물고이다. 돈황에는 바람이 불면 모래가 노래를 한다는 명
사산(鳴沙山)이 있다. 동서로 40km, 남북으로 20km나 이어져 있는 모
래 산이다.

　명사산에는 초승달 모양의 오아시스인 월아천(月牙泉)이 있어 기이
함을 자아낸다. 마르지 않는 월아천에는 전설이 내려온다. 오래전에 돈
황이 갑자기 폐허로 변하자 어여쁜 선녀가 슬퍼하며 눈물을 흘렸다. 이
눈물이 샘물이 되어 월아천이 되었다고 하며, 그 후에 선녀가 샘 안에 초
승달을 던져 초승달 모양이 되었다고 한다.

#3
실크로드의 개척자

서역의 길을 착공한 장건

　흉노는 기원전 3세기에서 기원후 1세기에 걸쳐서 아시아 초원지대를 장악한 중국 북부 지역에 존재했던 유목민의 연맹체였다. 흉노는 유목 세계의 패권을 잡은 이래 진한(秦漢) 제국과 맞먹는 적수가 되었다. 한 나라 고조 유방이 흉노에게 포위당해 큰 곤경을 겪은 후 화친을 취하는 등 편치 않은 긴장 관계를 유지하다가 한 무제에 이르러서 대전환이 이루어진다.

　한 무제는 흉노에게 패한 대월지가 서역으로 옮겨가 있다는 것을 알게 되었는데 대월지와 연합해 흉노를 제압하고 서역으로 통하는 교통로를 확보하려고 했다. 대월지와 군사 동맹을 맺기 위해 파견할 사신을 물색하고 있을 때 자발적으로 지원한 사람이 바로 낭중(郎中)이라는 직책에 있었던 장건(張騫)이었다.

　무제의 명을 받은 장건은 서부 사막지대로 향했지만 얼마 가지 못해 흉노에게 붙잡히고, 그곳에서 약 10년 동안 보냈다. 기회를 노리다가 탈출에 성공한 장건은 서쪽으로 한참 동안 이동한 끝에 아랄해로 흐르는

장건의 출사도 : 돈황 막고굴 벽화

시르 강 상류의 페르가나 지방, 즉 대완(大宛)에 도착했다.

대완 왕은 장건에게 호의적이었고, 장건은 대월지가 어디에 있는지 알아내어 소그디아나 지역에 자리 잡고 있는 대월지에 도착할 수 있었다. 연합하여 흉노를 치자는 무제의 뜻을 전하며 대월지 왕을 설득했지만 소용이 없었다. 비옥한 땅에서 풍요를 누리고 있었던 대월지로서는 굳이 한나라와 동맹하여 흉노를 공격할 까닭이 없었다. 1년 남짓 머무른 장건은 대월지를 떠나 귀로에 올랐지만 다시 흉노에게 사로잡히고 말았는데, 흉노의 내분이 일어난 틈을 타 탈출하여 기원전 126년경 장안으로 돌아왔다. 장안을 출발한 지 약 13년 만의 귀국이었다.

장건은 서쪽 지역에 관한 많은 정보를 보고했고 이는 한나라가 대외정책을 세우는 데 중요한 역할을 했다. 서역 여행에서 한나라의 영향력이 서역 여러 나라에 미치도록 하는 데에도 기여했다. 서역 여러 나라들은 한나라가 막강한 대국이라는 사실을 장건 일행을 통해 처음 알게 되었다. 이후 많은 나라가 한나라에 사신을 파견하여 외교 관계를 맺게 되었던 것이다.

돈황 막고굴에서 실크로드를 개척하는데 지대한 공헌을 한 장건의 '출사도'가 발견되었다. 사마천은 장건의 서역 개척을 착공(鑿空)이라고 표현했는데, 마치 굴에 구멍을 뚫어 서역과 중원 사이에 길을 만들었다는 뜻이다. 장건은 섬서성 한중(漢中) 사람이며 한중에는 그의 묘가 남아 있다.

흉노를 공략한 곽거병

장건의 여행을 바탕으로 한제국의 영토 확대와 서역 개척에 지대하게 공헌한 인물은 바로 곽거병(霍去病)이다. 젊은 나이로 여섯 차례나 흉노 토벌에 출정하여 번번이 대승을 거두어 혁혁한 공을 세웠다.

곽거병은 열여덟에 표요교위(驃姚校尉)로 임명돼 몽골고원 사막 남쪽에서 흉노를 격파했다. 스물에는 표기(驃騎)장군이 되어 감숙·영하·섬서 일대의 흉노 세력을 잇달아 공격하여 눈부신 전공을 세웠다. 스물둘에는 고비사막을 넘어 흉노의 본진을 공격해 큰 전공을 세움으로써 대장군 위청(衛靑)과 더불어 대사마(大司馬)가 됐다. 그리고

곽거병 동상

스물넷, 젊은 나이에 곽거병은 돌연 사망하고 만다.

곽거병이 요절하자 한 무제는 크게 슬퍼하여 장안 근교의 무릉(茂陵)에 무덤을 짓되, 일찍이 곽거병이 대승리를 거둔 기련산(祁連山 : 天山)의 형상을 따게 하여 그의 무공을 기렸다. 곽거병 무덤은 한 무제의 능인 무릉(武陵) 가까이에 있으며, 호랑이·곰·코끼리·멧돼지·소·말·두꺼비·개구리·물고기 등 16개의 거대한 석상이 그의 무덤을 지키고 있다. 감숙성 난주에는 곽거병 동상이 우뚝 서 있다. 난주를 근거지로 실크로드를 개척하였기 때문에 이를 기리기 위해 동상을 세운 것이다.

이사장군 이광리

중국 역대 황제들의 꿈은 천리마를 확보하는 것이었다. 유목민족과 싸워 이기려면 궁극적으로 그들보다 앞선 기동성 있는 장비, 즉 우수한 말이 필요했기 때문이다. 천리마는 '한혈마(汗血馬)'라고도 하는데 피처럼 붉은 땀을 흘리며 하루에 천 리를 거뜬히 달린다는 명마다. 흉노에게 시달리던 한나라는 한혈마를 탐낼 수밖에 없었다.

장건은 한혈마를 대완(大宛, 페르가나)에서 발견하고 한 무제에게 보고했다. 한 무제는 대완의 이사성(貳師城)에 있는 한혈마를 얻기 위해 특사를 파견하지만 대완은 말을 주지 않은 것은 물론 사신을 죽이고 재물까지 약탈했다. 이에 무제는 기원전 104년, 이광리(李廣利)를 이사장군에 임명해 대완을 치게 한다. 이사장군(貳師將軍)의 명칭에는 이사성(貳師城)에 가서 좋은 말을 빼앗아 오라는 의미가 담겨 있다.

이광리는 6,000의 기마병과 수만 명의 군사를 거느리고 대완을 향해 출격했으나 실패하고 간신히 돈황으로 철수한다. 그리고 무제에게 글을 올려 병력을 증강하여 다시 나가게 해 달라고 청한다. 대완 원정이 실패한 것을 안 무제는 크게 노하여 사신을 보내 옥문관을 막고 "군사로서 감히 들어오는 자는 사형에 처하겠다."라고 말한다. 무제의 엄명에 이광리는 옥문관을 넘지 못하고 돈황에 머무르며 재원정을 준비하여 다시 출격한다.

이광리 원정군이 1차 원정보다 순조롭게 진군하여 대완군을 제압하자, 방어전에 치중한 대완군이 말을 내주겠다는 약속을 함에 따라 좋은 말 몇십 필과 중등 이하의 암수 3,000여 필을 가지고 회군하였다. 한 무제는 한혈마를 얻은 후 크게 기뻐하여 『서극천마가(西極天馬歌)』를 짓게 하였으며, 한혈마를 '천마(天馬)'라고 칭찬하였다.

감숙성 무위(武威, 우웨이)시의 뇌조묘(雷祖廟) 뇌대한묘(雷台漢墓)에서 나온 청동으로 된 '마답비연(馬踏飛燕)'은 이 한혈마를 모델로 제작된 것으로 추측되고 있다. 한문학 작품에서 한혈마는 명마의 대명사로 사용됐고 소설 『삼국지연의』에 등장하는 명마 적토마도 이 한혈마의 일종으로 추측된다.

투필종군의 모범 반초

반초(班超)는 후한(後漢) 때 역사가인 반표(班彪)의 아들이자 불후의 역사서인 『한서(漢書)』의 저자 반고(班固)의 동생이다. 그는 변경에 흥

카스 공원 내 반초 동상

노족이 침범하여 자주 약탈하고 주민을 살상한다는 소식을 접하고 무인으로 자원하여 흉노 원정군으로 가담하여 "붓을 버리고 군대에 나간다."라는 뜻의 투필종군(投筆從軍)의 모범을 보였다.

반초는 서역을 토벌하고 반세기 이상 흉노의 지배하에 있던 50여 나라를 한나라에 복종시켰다. 기원후 97년 부하인 감영(甘英)에게 당시 대진(大秦)으로 불리던 로마와의 국교를 개척하는 임무를 맡게 하였으며, 감영은 파르티아(이란) 왕국의 서쪽 국경까지 도달했다고 한다.

반초는 타림 분지에서 기마부대를 이끌고 흉노를 격퇴하고 서역의 지배권을 확보하였다. 전한의 장건의 활약 이후 이어졌다가 끊겼던 실크로드를 다시 개척하여 서역과의 교역 길을 열었다.

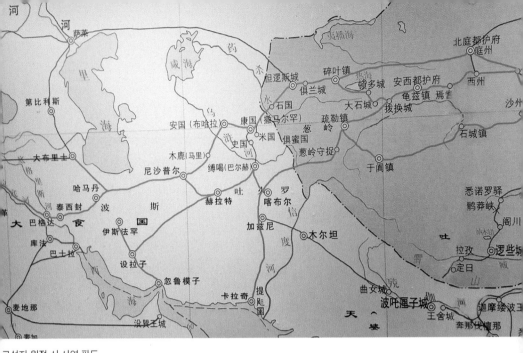

고선지 원정 시 서역 판도

파미르고원을 넘은 고선지

    실크로드에 대해 이야기할 때 당 현종 시기에 활약한 고구려 유민의 아들 고선지(高仙芝)를 빼놓을 수 없다. 고선지는 747년 토번(吐蕃 : 티베트) 세력을 견제하기 위하여 1만 명의 군사를 이끌고 세계의 지붕 파미르고원을 넘어 아프가니스탄까지 진격했다.

    그리고 험난하기로 이름난 힌두쿠시 준령을 넘고 소발률국(小勃律國)의 수도 아노월성(阿弩越城)을 점령한 후 토번과 사라센 제국과의 유일한 교통로인 교량을 파괴하였고 그들 간의 제휴를 단절시켜 사라센 제국의 동진을 저지시켰다. 이 원정으로 인해 서역의 72개국이 항복했고 고선지의 이름은 중앙아시아를 넘어 이슬람까지 알려지게 됐다.

750년 제2차 원정에서는 사라센 제국과 동맹을 맺으려는 석국(石國 : Tasuhkent 부근)을 토벌하고 국왕을 잡아 장안으로 호송하였다. 그러나 장안의 문신들이 포로가 된 석국왕을 참살하자 이에 분기한 서역 각국과 사라센은 이듬해 연합군을 편성하여 탈라스(怛羅斯, Talas)의 대평원으로 쳐들어 왔다. 이를 막기 위하여 고선지는 다시 7만의 정벌군을 편성하여 제3차 원정에 출전하였지만 당나라와의 동맹을 가장한 터어키계 카를루크(葛邏祿, Karluk)가 배후에서 공격하자 패배하고 후퇴하였다.

고선지가 탈라스 전투에 패배할 때에 서역 연합군에게 포로가 된 제지공에 의해 제지술이 서방세계로 전파된 계기가 되어 학자들은 이 사실을 문명사 차원에서 주목하고 있다. 그래서 고선지 장군은 실크로드 길을 개척한 장군이자 제지술을 전래한 데 공헌한 인물로 인식되고 있다.

#4
실크로드 방어망 서역의 만리장성

만리장성 기능 및
범위 변화

만리장성은 이집트 피라미드, 페루의 마추픽추, 로마의 콜로세움 등을 포함해 세계 7대 불가사의에 속하며 인공위성에서 유일하게 보일 정도로 인류 최대의 토목 공사라 불린다. 만리장성은 지도상으로는 약 2,700km의 길이이나 세세한 부분까지 포함하면 총 길이는 5,000~6,000km에 이르는 것으로 알려져 있다. 모택동(毛澤東, 마오쩌뚱)은 "만리장성에 가지 않으면 대장부가 아니다."라는 한마디 말을 남겼다.

중국은 역대로 흉노족 등 북방의 이민족들과 간단없는 투쟁을 벌여왔고 방비를 위해 많은 노력을 기울였는데 그러한 노력의 하나가 바로 장성의 축조다. 춘추전국 시대 때부터 장성을 쌓기 시작하여 진시황이 기원전 3세기 중국을 통일한 후에는 기존에 연나라, 조나라가 쌓았던 장성을 연결하여 축조하였다. 진나라의 서북쪽 국경은 대략 지금의 난주(蘭州) 부근이며 만리장성도 여기까지 이어졌다.

기원전 2세기부터 한나라가 북방 유목민족인 흉노와 대결하는 과정에

만리장성

서 서역 공략에 나서 지금의 감숙성 서부인 하서회랑 지역을 정복하게 된다. 특히 한 무제 때에는 흉노에 대한 공세로 전환되면서 만리장성이 확대되어 하서회랑을 따라 돈황까지 길게 쌓았는데 남쪽으로는 양관(陽關)이 설치되고 북쪽으로는 옥문관(玉門關)이 설치되었다.

한나라가 망하고 위·오·촉 삼국 시대로 접어들고 이어지는 위진남북조 시대에는 북방 이민족과 한족들이 섞이면서 장성은 거의 무용지물이 됐다. 수·당 시대에는 재팽창에 나서면서 장성 너머까지 영토를 넓혔다.

만리장성이 다시 중국인의 시야에 들어온 것은 명나라 때이다. 몽골족을 북방으로 밀어냈지만 과거 한나라나 당나라 때처럼 완전히 복속시키지는 못하고 북쪽 유목민과 남쪽 농경민이라는 전통적 구도가 복구되었다. 명나라는 장성을 강화해 방어력을 키우자는 기존의 사고방식을 되살려 냈으며 만리장성에 대한 대대적인 개보수 작업을 진행했다. 명나라 만리장성은 동쪽에 산해관(山海關)이라는 첫 번째 성문이 있고 가욕관이 북서쪽 끝에 위치한 마지막 성문이다.

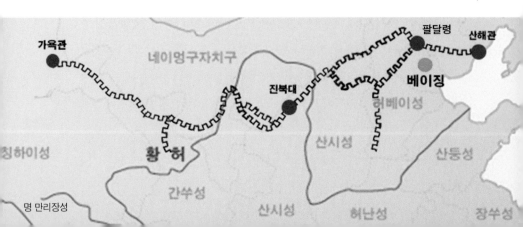
명 만리장성

양관

양관(陽關)과 옥문관(玉門關)은 중국 영토의 서쪽 변경에서 이민족의 침입을 방어하던 요새였으며 출새(出塞)와 삭풍(朔風)을 떠올리게 하는 격전지였다. 경천동지의 기세로 물밀 듯이 몰려오는 흉노 기마대와 큰 북을 울리며 출병하는 한나라 군단이 격돌하는 곳이었다.

양관은 돈황 시내에서 서남쪽으로 76km 떨어진 곳에 있는 국경 관문이었다. 『왕오천

양관 봉화대 유적지

축국전』을 쓴 혜초스님은 천축(인도)으로부터 나와 서역을 경유하여 양관을 통과하여 장안으로 들어왔다. 고구려의 후예로 당나라의 장군이 된 고선지도 양관을 거쳐 나가 이슬람 사라센 제국과 맞섰다는 이야기 많은 곳이기도 하다.

이백, 두보와 함께 당나라 전성기의 대시인으로 유명한 시불(詩佛) 왕유(王維)가 남긴 "그대에게 술 한 잔 더 권하니, 서쪽 양관으로 나서면 더 이상 옛 벗 없으리니(勸君更進一杯酒, 西出陽關無故人)"라는 칠언절구의 문구를 떠올린다. 양관은 이별의 장소로써 벗을 떠나보내기도 하

고 남편을 배웅했던 곳이기도 하였다. 현재 남아 있는 유적으로는 양관의 눈과 귀의 역할을 했던 봉화대 형체뿐이다.

옥문관

　돈황 시내에서 서북쪽으로 약 100km 떨어진 곳에 위치한 옥문관은 실크로드의 중요한 관문 역할을 했던 곳이다. 옥문관(玉門關)은 '옥이 들어오는 문'이라는 뜻을 가지고 있으며 은(殷)·주(周) 시대부터 옥의 산지인 타클라마칸사막에 위치한 호탄이라는 곳에서 옥(玉)을 수입해 왔다고 한다. 한 무제 때는 '옥문관 도위'를 설치하고 흉노를 공략하기 위해 출병하였다.

옥문관 유적지

현장이 인도에서 순례하고 돌아올 때 옥문관에서 황제에게 몰래 출국한 죄를 청하면서 입국의 청원을 올렸다. 옥문관 만리장성은 오아시스 갈대와 흙을 섞어서 성벽을 만들었다. 옥문관 양쪽으로 만리장성이 연결되어 있었으나 지금은 성문만 외로이 남아 있다. 현재의 옥문관은 당나라 시대에 지어진 것이라 한다.

천하웅관 가욕관

만리장성을 용으로 비유하여 산해관에서 바다로까지 이어진 장성의 기점을 노룡두(老龍頭), 즉 '용머리'라고 부르는데 만리장성 서쪽 끝 가욕관은 용의 꼬리에 해당한다. 가욕관(嘉峪關)은 하서회랑 지대 중간 지점에 있으며 예로부터 하서 지역의 제일의 요충지이기도 했다. 서쪽에 기련(祁連)산맥의 눈 덮인 산봉우리가 있고 북쪽에는 마종(馬鬃)산맥과 용수(龍首)산맥의 여러 봉우리들이 늘어서 있어 매우 험준한 곳이다.

가까이에서 보는 만리장성 가욕관

가욕관 너머로 멀리 보이는 기련산 만년설

만리장성이 똑같은 구조와 재료로 만들어진 것은 아니다. 대체로 서쪽보다는 동쪽이 견고하게 축성되어 있다. 성을 쌓은 재료는 햇볕에 말린 벽돌과 이것을 불에 구운 전(塼), 그리고 돌 등인데 동쪽으로 갈수록 더 단단한 재료를 사용했다. 서쪽 사막에서는 오아시스 갈대를 진흙에 섞어 쌓아 올렸는데, 햇볕에 말리게 되면 매우 단단하게 굳어진다. 가욕관은 토벽으로 이루어진 내성과 벽돌을 쌓아 만든 외성의 이중으로 이루어져 있는 성채다.

명 홍무 5년(1372년)부터 지어지기 시작한 가욕관은 온통 사막과 초원으로 둘러싸인 가파른 절벽의 험준한 지세 위에 세워진 웅장한 건축물의 모습으로 '천하제일웅관(天下第一雄關)'으로 칭해지고 있다. 청나라 때인 1809년에 숙주(肅州)의 총병인 이연신(李廷臣)이 가욕관을 시찰하다가 그 모습이 웅장하여 바로 그 자리에 '천하웅관(天下雄關)'이라는 글자를 썼다.

아편전쟁에 패했으나 청대의 민족 영웅으로 존경받는 임칙서(林則徐)가 신강 이리(伊犁)에 좌천되어 갔다가 되돌아올 때 가욕관을 통과하였다. 임칙서는 가욕관을 돌아보고 쓴 『가욕관부』에서 "만리장성 차가운

달빛에 말에게 물을 먹이고, 모래바람 부는 오랜 성루 위로 독수리만 떠도네."라고 읊었다. 그리고 청나라 말기에 우선 내륙의 변경지대, 즉 신강과 몽골 지역 방어에 국력을 집중해야 한다고 주장한 노선인 새방파(塞防派)의 수장 좌종당(左宗棠)이 신강에서 위그르 반란이 일어났을 때 가욕관을 나가서 병력을 이끌고 반란을 진압하였다.

명나라 홍무제와 영락제 시기, 즉 1400년 전후에 가욕관은 국경 무역이 매우 활발히 이루어졌던 장소였다. 가욕관을 벗어나는 것을 출관(出關)이라 하고 들어오는 것을 입관(入關)이라 하여 가욕관은 세관의 역할을 했다. 현재 가욕관 관광객들에게 인기 있는 기념품은 가욕관 관조(關照)이다. 그 옛날 관조(關照)는 국경을 출입하는 통행으로 관조(關照) 중에서 가욕관 관조가 가장 권위가 높았다. 관조라는 어휘에서 중국어의 잘 보살펴 달라는 "뚜오뚜오 관자오(多多關照)"라는 말이 유래하였다고 한다.

천하웅관

산해관 만리장성

　높이가 14m이고 두께가 7m가 되는 산해관(山海關)은 만리장성의 동쪽 끝에 있는 관문으로서 군사 요충지였으며 '천하제일관'으로 불린다. 남쪽이 76m, 북쪽이 82m, 동쪽과 서쪽이 각각 64m인 사다리꼴 모양이다. 너무나 웅장하여 '천하제일관(天下第一關)'이라는 명칭이 딱 어울린다.

　산해관은 산과 바다 사이에 있는 관(關)이라는 뜻이다. 산해관을 통과하여 중원으로 향로를 입관한다고 하여 그 외부에 있는 동북 지역을 '관외'라고 부르고 내부 지역을 '관내'라고 부른다. 산해관은 바다에까지 나와 있다. 오래된 한 마리 커다란 용의 입처럼 바다로 입을 벌리고 있다고 하여 '노룡두 입해석성(老龍頭 入海石城)'이라고 하는데 말을 타고 얕은 바다로 들어오는 적군을 막기 위해서이다.

　명나라 말, 산해관은 만주족 군대가 북경 지역으로 쳐들어오는 것을 막아 주었다. 그러나 만주족 침입을 몇 번이나 잘 방어한 오삼계(吳三桂)가 1644년 청에 항복하여 난공불락의 산해관이 뚫리자 중국은 만주족인 청나라의 천하가 되었다. 오삼계가 청나라에 항복한 것은 한 여인과 관계가 깊다고 한다.

　명나라 말기에 발생한 농민 반란 세력인 이자성(李自成)은 세력을 모아 1644년 나라 이름을 대순(大順)이라 하고 서안을 서경으로 삼은 후에 파죽지세로 북경을 점령하여 천하 통일이 곧바로 실현된 것으로 믿었다. 오삼계는 이자성의 북경 입성을 저지하기 위하여 50만 대군을 이끌고 북경으로 올라가던 중 이미 북경이 함락되었다는 소식을 듣고 산해관으로 발을 돌렸다.

산해관을 지키던 오삼계는 이자성에게 충성할 것을 맹세했다는 아버지의 편지를 받고 이자성에게 귀순하는 쪽으로 점점 기울어졌다. 그런데 오삼계의 심경을 뒤바꿀 만한 충격적인 소식이 전해졌다. 이자성 부하가 북경에 있는 오삼계의 집을 덮쳐 애첩인 진원원(陳圓圓)을 데리고 간 것이다. 진원원은 원래 소주 태생의 명기였는데 연회석상에서 오삼계의 눈에 들어 오삼계를 매료시켰다.

오삼계의 태도는 돌변하였다. 산해관의 문을 청나라 군에게 열어 주었을 뿐만 아니라 자기가 선봉에 서서 이자성 군대를 공격하였다. 오삼계와 청군의 연합군에 의해 이자성군은 여지없이 궤멸되어 서쪽으로 도망칠 수밖에 없었다. 이자성이 북경을 떠난 후 청군이 북경에 입성했다.

이자성도 오삼계를 자기편으로 끌어들이려면 진원원을 보호해야 한다고 알았지만 황제 취임식 준비하느라 그만 뒤늦게 일의 정황을 알았고 수습하기에 이미 늦었다. 역사에는 가정이 없지만 만약 이자성이 북경 함락 후 승리에 도취해 황제 취임식에 신경 쓸 것이 아니라 휘하 장수들의 기강을 잡고 먼저 진원원을 보호해서 오삼계가 배반을 안 하게 했더라면 역사는 달라졌을 것이다.

천하제일관 만리장성 산해관

노룡두 만리장성

#5
찬란한 실크로드 문화

천수 맥적산 석굴

맥적산(麥積山) 석굴은 산서성 대동(大同)의 운강석굴(雲崗石窟), 낙양의 용문석굴(龍門石窟), 돈황의 막고굴(莫高窟) 석굴과 더불어 중국의 4대 석굴로 불린다. 142m 높이의 맥적산은 홍사암이 절벽을 이루면서 형성된 기묘한 산이다. 산정이 원형을 이루면서 하부보다 넓어 보리집 무더기처럼 보인다고 하여 맥적산이라고 한다.

맥적산 석굴은 풍화 작용으로 깎여 거대한 단애를 이룬 맥적산 남사면에 조성됐다. 미로처럼 연결된 수백 개의 석굴 안에 사원을 조성하여 석불, 소상(塑像), 부조를 만들고 벽화를 그렸다. 진흙과 볏집, 달걀, 찹쌀죽, 약초 등을 섞어 만들었다는 불상들은 대단히 정교하고 채색도 뛰어나다.

석굴 중 가장 연대가 이른 것은 북위(北魏) 시대 석굴로 문성제(文成帝, 471~499년)가 개착했다. 석굴 조성은 북위(386~534년)가 동위(東魏)와 서위(西魏)로 분열된 뒤에도 계속됐다. 그리고 북주, 수, 당, 송, 원, 명대에 이르기까지 지속적으로 만들어졌다. 가장 큰 불상은 수나라

275

때 만들어진 것으로 추정되는 '마애대불'로 높이가 15m 이상이나 된다.

맥적산 석굴은 역대 조소의 집성관이라고 불리며, 불교가 중국에 유입된 이후 비약적인 발전을 이루는 남북조 시대에 집중적으로 조성된 석굴이라는 점에서 상당히 중요한 유적으로 평가받는다. 여러 차례 지진으로 인해 파괴도 되었지만, 그때 나무로 만들어진 계단이 손상되어 결과적으로 인간의 접근을 막아 손상을 막을 수 있어 유물 보존에 도움이 되었다고 한다.

맥적산 석굴

마애대불

유가협댐 협곡

난주 병령사 석굴

난주에서 남서쪽으로 약 130km 가면 유가협(劉家峽) 댐에 이르며, 유
가협 선착장에서 내려 30분쯤 쾌속선을 타고가 협곡으로 들어서면 거대
한 병풍처럼 생긴 바위 절벽을 마주하게 된다.

안으로 조금 더 들어가면 장엄한 유가협댐 협곡을 배경으로 병령사(炳
靈寺) 석굴이 전개된다. 병령(炳靈)이라는 말은 '천불산', '만불동'에 해
당하는 티벳어 '십만불'을 한어로 의역한 것이라고 한다. 병령사 석굴은
막고굴 석굴, 맥적산 석굴과 함께 감숙성의 3대 석굴로 불린다. 막고굴

석굴은 벽화가 특징이고, 맥적산 석굴은 흙으로 만든 것이 특징이라면, 병령사 석굴은 돌로 조각한 불상이 특징이다.

남북조 시대의 서진(西秦) 때인 420년에 만들어지기 시작했다. 특히 서위(西魏) 시대에는 한때 300여 명의 스님들이 기거했던 사찰이었던 것으로 전해진다. 원형의 붉은 절벽에는 194개의 굴실과 감실이 현존하고 있으며 이 굴실과 감실에 수천 개의 불상이 봉안되어 있다. 그중 가장 유명하고 볼만한 것은 169굴 불상으로 60m의 낭떠러지에 절묘하게 있다.

병령사 169굴 불상

마답비연 청동 동상

감숙성 역사박물관 마답비연

1969년 감숙성 무위(武威) 부근 후한 시대 대형 전실묘인 뇌대한묘(雷臺漢墓)에서 예술적 가치가 매우 높은 '마답비연(馬踏飛燕)' 동상이 발굴되었다. 무위는 오래전부터 말의 산지로 고대 비단길의 중심지였다. 높이 34.5cm, 길이 45cm, 무게 7.15kg의 조그만한 마상이며, '청동분마(靑銅奔馬)상'이라고도 부른다. 진품은 난주의 감숙성 역사박물관에 소장되어 있다.

'마답비연'은 한쪽 발에 날고 있는 제비를 딛고 힘차게 달리는 형상이며 한혈마를 모델로 제작된 것으로 분석되고 있다. 이 말 동상은 1971년 다른 출토품과 함께 감숙성 역사박물관에 전시되던 중에 문인 곽말약(郭沫若)이 말이 비조를 밟고 달리는 모습이라 하여 '마답비연'이란 명칭을 붙여 일약 유명해졌다. 닉슨 대통령이 중국을 방문했을 때 이 말의 복제품을 선물했다. 중국 국가여유국(관광청)에서 '중국 여행(China Tourism)' 로고로 사용하고 있어 중국 관광의 상징으로 되었다.

돈황 막고굴

　돈황은 중국 서북쪽 오아시스 도시이자 실크로드의 중심지로서 서역과 통하는 길목으로서 고대의 서역 남북로가 갈라지는 요충지였다. 대상행렬, 구도 승려 등이 고행길을 떠나거나 돌아와서 지친 몸을 쉬는 곳이었다. 그래서 마음을 위로하고 안녕을 빌기 위해 석굴을 만들었는데, 이것이 바로 세계적 불교 문화의 보고라고 일컬어지는 막고굴(莫高窟) 석굴이다.

　막고굴은 사막(莫)의 높은 곳(高)에 있다 하여 붙여진 이름이며, 돈황 시내에서 약 25km 떨어진 모래가 운다는 명사산(鳴沙山)의 동쪽 끝 절벽에 남북으로 약 1.8㎞에 걸쳐 벌집마냥 촘촘히 석굴을 파서 조성된 석굴군(群)이다.

　각 석굴에 들어서 있는 소상(塑像)들의 표정과 자세, 그리고 벽에 그려진 벽화는 경탄을 자아내게 한다. 약 1,000여 개에 달하는 굴이 있어 천불동(千佛洞)으로도 불리는 막고굴은 동진(東晉) 때인 366년부터 원나

돈황 막고굴 전경

반탄비파 가무도

라 때까지 약 1,000여 년 동안 계속해서 조성되었는데, 훼손되고 풍화되어 현재는 492개의 동굴만이 남게 되었다.

장경동(藏經洞)이라 불리는 굴은 송나라 때까지의 경전이나 문서 등을 보관하던 곳으로 서하(西夏)의 지배하에 있을 때 봉쇄되었다가 1900년에 우연히 발견되었다. 막고굴 석굴을 관리하던 왕원록(王圓籙) 도사가 많은 양의 서적을 발견하여 전 세계에 알려진 계기가 되었다. 많은 고문서가 있다는 소문을 듣고 러시아 탐험가 오브로체프, 영국 지리학자 스타인, 중국어에 능통한 프랑스 동양학자 펠리오, 일본학자 오타니 등 외국인들이 와서 서적을 가져가 세계 각국에 퍼져 있어 '돈황문화'라는 용어가 형성되었다.

막고굴은 긴 세월이 흐르는 동안 자연적인 붕괴와 인간들의 파괴에 의해서 수난을 받았지만 약 5만㎡의 벽화와 2,000여 기의 조각을 보존하고 있다. 조각상의 천태만상과 복장, 개성 있는 표현 수법은 시대의 특색을 반영하고 있다. 벽화는 대부분 불교를 소재로 하며 부처, 보살, 천왕의 초상화나 불경에서 나오는 이야기, 그리고 인도, 중앙아시아, 중국에서 전해지고 있는 불교 전설 이야기와 역사 인물이 그려져 있다.

이외에도 당시 여러 민족의 사회생활, 복장, 건축, 조형 및 음악, 무용 등과 교류 사실도 보여 주고 있다. 당나라 중기 시대 그려진 것으로 막고굴 112굴 남벽에 있는 '반탄비파(反彈琵琶)' 가무도는 대표적인 작품이다.

투루판 지역 유적

신강위그르자치구에도 실크로드 유적이 많이 있는데 대표적인 곳이 투루판이다. 투루판은 천산산맥 남쪽 기슭의 타클라마칸사막으로 이어지는 부분에 있으며 천산 남로와 천산 북로의 갈림길에 위치하고 있어 교통의 요지이다. 투루판은 위그르어로 '파인 땅'이라는 의미이며 네 가지 특징을 지닌 지역이라고 한다. 첫째, 세계에서 가장 낮은 저지대이다. 투루판 분지의 대부분은 해수면보다 낮으며 280m나 낮은 곳도 있다.

둘째, 세계에서 가장 더운 곳이다. 여름에는 45~50℃에 이르며 『서유기』에서 온갖 재주를 부리는 손오공조차도 불타는 화염산을 지나가기 위해 그 불을 끌 수 있는 파초선(芭蕉扇)이라는 부채가 필요했기 때문에 파초선의 주인인 철옹공주와 싸운다는 이야기가 나온다. 한편, 화염산 계곡에는 위구르어로 '아름답게 장식한 집'이라는 의미를 지니고 있는 베제클리크 천불동이 있으나 무자비한 약탈과 처참한 파괴가 자행되어 안타까움을 자아낸다.

셋째, 세계에서 가장 건조한 곳이다. 투루판은 연평균 강우량이 16.6 ㎜인데 반해 증발량이 3,000㎜에 달하는 사막 분지이다. 넷째, 세계에서 가장 단 곳이다. 투루판은 건조하면서 일조 시간이 하루 평균 9시간이나 돼 포도 재배로 유명한 곳이다. 보통 포도의 당도를 측정할 때 8% 정도면 달다고 하는데 투루판에서 재배되는 포도는 놀랍게도 18~19%의 당도가 나와 설탕보다 당도가 높다는 것이다. 세계적인 포도 산지로서 맛좋은 포도주가 생산된다.

또한, 투루판은 타클라마칸사막의 강풍을 세게 받고 있다. 그래서 이곳은 고온, 건조, 강풍을 특징으로 하며 사람이 살기 어려운 열악하고 척박한 땅이다 그러나 혹독한 자연환경과는 달리 투루판은 투르크어로 '풍요로운 땅'의 의미를 지니고 있다. 천산산맥의 만년설이 녹아 흐르는 물을 이용할 수 있기 때문이다. 지상으로는 물이 증발하기 때문에 지하 만리장성이라고 일컫는 '카레즈'라는 지하 인공수로로 물을 흘려보낸다.

땅을 파서 지하수를 연결시킨 수로가 '카레즈'이며 수맥을 찾기 위해 판 우물이 '칸얼정'이다. 카레즈는 만리장성, 대운하와 함께 중국의 고대 3대 공사라고 일컬으며, 약 2,000년 전 한나라 시대부터 공사가 시작되어 수나라 때까지 이어졌다고 한다.

실크로드 길목에 자리 잡은 투루판에는 많은 나라가 명멸했던 곳으로 유적들이 곳곳에 남아 있다. 우선 투루판에서 약 10km 떨어진 지점에 있는 교하(交河)고성이다. 두 줄기 물이 만난다는 교하성은 기원전 250년 경부터 차사전국(車師全國)의 도읍지였다가 한나라와 흉노족의 지배를 받기도 하였으며 당나라 때 안서도호부가 설치되면서 발전을 누렸던 곳이다.

투루판에서 동남쪽 46km 지점에 고창고성이 있다. 현장법사가 인도로 가는 길에 고창국왕 요청으로 한 달간 머물며 인왕경을 설법했다. 국왕은 현장이 계속 고창에 남아 설법해 주기를 원했다. 협박도 하고 회유도 해봤지만 구법을 향한 현장을 움직일 수 없었다. 현장은 단식투쟁으로 떠나고자 하는 의지를 관철시킨다. 마지못한 왕은 현장에게 천축에서 돌아올 때 3년간 머무르겠다는 약속을 받아 내고 놓아 준다.

고창 고성 인근에는 고창국과 당나라 때의 무덤인 아스타나 고분군이 있으며, 중국의 탄생 설화의 시조인 복희(伏犧)와 여와(女媧)상이 그려

교하고성

복희여와도

져진 그림이 발견되었다. 남신 복희와 여신 여와는 상반신은 사람, 하반신은 뱀으로 묘사돼 있으며 마주 본 채 하체를 뱀처럼 서로 꼬고 있는 모습인데 만물의 조화와 재생, 풍요 기원을 반영하고 있다. 손에는 오늘날의 자와 컴퍼스와 비슷한 도구가 각각 들려 있다. 우주의 질서와 조화를 도모하는 상징적인 도구라고 한다. 위에는 해가 있고 아래는 달이 있으며 둘레를 따라 별자리가 그려져 있다.

History & Culture of Xian

7

신중국 혁명의 길

신중국의 기반이 된 장정

서안사변

신중국 혁명 유적지

#1
신중국의 기반이 된 장정

장정 과정

중국 공산당은 강서(江西, 장시)성 일대에 '서금(瑞金, 루이진) 중화소비에트공화국' 정부를 세웠으나 국민당 정부군 수십만 명의 대군이 포위망을 치자 지배 영역과 군사 규모가 축소되고 생활필수품과 의약품 등의 부족으로 극심한 고통을 받게 되었다. 공산당 지도부는 1934년 10월 마침내 남부의 근거지를 버리고 탈출을 시도했다.

장정 경

한국

1936년 10월
옌안 근거지 최종 집결

중국

산시 성

대설산 통과
루딩차오 전투

쓰촨 성

친서강 도착

상강
혈전

장시 성

후난 성

구이저우 성

1935년 1월
쭌의 회의

1934년 10월
중화 소비에트 수도
루이진 출발

홍군은 국민당군의 추격과 각 지역의 적대적인 군벌의 공격을 뿌리치며 서쪽으로 나아갔다. 이때 강한 상대와 싸우는 데에는 게릴라전이 효과적인 전략임을 실감한다. 1935년 1월 준의회의(遵義會議)에서 농민을 기반으로 한 유격전술을 주장한 모택동(毛澤東)이 당권과 군사 지도권을 장악하고 장정을 이끌게 되었다. 이 회의에서 장정의 목표 지역을 서북 지역으로 설정하는 결정도 내려졌다.

홍군은 강을 건너고 대설산을 넘는 강행군을 하고 기아 등으로 극한의 위기에 자주 직면하였지만 군사들의 헌신 그리고 장개석 계열 외의 기타 군벌과 소수민족과의 타협 등으로 위기를 극복하여 1936년 10월 연안(延安, 옌안)에 도착함으로써 대장정이 마무리되었다. 최종 목적지로 서북부의 섬서(陝西, 산시)성을 새로운 근거지로 결정하기까지는 많은 세월의 투쟁과 홍군 내부의 이견을 극복한 결과였지만 소련으로부터 지원을 받는 데 지리적으로 가까워 유리하다는 것도 그 이유 중 하나였다.

장정의 성과

장정(長征)은 남쪽에서 활동하던 중국 공산당 홍군(紅軍)이 국민당군의 포위망을 뚫고 370일 동안 장장 2만 5,000리, 약 1만㎞를 이동한 대행군으로서 '대장정'이라고 하며 서쪽으로 천도한다는 의미에서 '대서천'이라고도 불린다. 장정을 통해 홍군의 전략이 게릴라전(유격전)으로 바뀌었고 모택동이 핵심 지도자로 부상하였다.

장정 과정에는 많은 희생이 따랐지만 장정이 있었기에 공산당은 많은 지역에 홍군과 공산당의 이름을 알릴 수 있었다. 또한, 장정은 지도자들을 배출한 과정이었다. 중화인민공화국의 수립 이후 당, 정부와 군의 요직에 앉은 사람들 대부분은 대장정에 참가했던 생존자들이었다. 이들은 공산당 내에서 자신들의 지위를 확고히 했고 권력자로 남았다. 이들의 자녀들 역시 지금도 당과 정부에서 중요한 역할을 하고 있다.

#2
서안사변

서안사변 원인

　장개석(蔣介石, 장제스)은 구미 열강으로부터 신무기를 구입하여 장비의 현대화를 꾀하였으며 직계의 중앙군을 설치하였다. 1936년 당시 총병력 약 200만 명 가운데 100만 명이 장개석 직계 군대였다. 그런데 장개석은 일본의 공세에도 중국의 허약함을 이유로 내세워 반공 투쟁을 우선하는 정책을 내세웠다. 장개석의 공식적인 슬로건은 '선안내 후양외(先安內 後攘外)'로서 "먼저 국내를 안정시키고 외세에 저항한다."라는 전략이었다.

　장학량(張學良, 장쉐량)은 동북 지역 군벌 장작림(張作霖, 장쭤린)의 아들로 1928년 6월 4일 부친이 일본군에 의해 암살당한 뒤 이 지역을 물려받았으나 일본이 1931년 9월 18일 소위 '9·18 사변'을 통해 침공하자 패하여 20만 병사를 데리고 서북 지방으로 이동해 있었다. 그리고 1935년 10월 장개석에 의해 서안에 배치가 되었는데 물론 이는 모택동의 홍군을 섬멸하기 위함이었다.

중국 공산당은 이른바 '대장정'이라 불리는 작전상 후퇴를 통해 연안에 근거를 잡은 후 지속적으로 국민당에 항일 연합전선 구축을 호소하고 있었다. 공산당은 연안으로의 이동을 항일 전선으로의 이동이라고 합리화 해왔고 또한 군사적으로 국민당군에 열세인 상황이었기 때문에 적극적으로 항일 연합전선을 추구할 수밖에 없었다. 한편으로 공산당은 항일전을 촉구하면서 민중의 지지를 얻어 갔다.

장학량은 서북초비 부사령(西北剿匪副司令)에 임명되어 홍군 토벌 업무를 맡고 있었으나 "중국인은 중국인과 싸우지 말고 일치 항일하자."라는 홍군의 호소에 대해 항일을 위해서는 남경 정부와 공산주의자 간의 화해가 바람직하다고 생각하게 되었다. 장학량의 동북군은 일본에 의해 고향을 빼앗긴 데 대해 강한 반일 감정을 가지고 있었고 그들 중 일부는 홍군의 항일 공동전선 주장에 공감하고 있었다. 장학량 자신도 선친이 일본군에게 폭사당해 강한 반일 감정을 품고 있었다.

서안사변 발발

장학량의 동북군은 장개석의 명령으로 몇 차례 홍군과 충돌했으나 패하고 이후 일종의 신사협정을 통해 상호 간의 충돌을 자제한다. 나아가 장학량은 주은래(周恩來, 저우언라이)와 비밀리에 접촉한다. 처음에 반공적인 입장을 취했던 양호성(楊虎城, 양후청)도 공산당과 협조하는 쪽으로 기울게 되었다.

한편, 소련이 제공하는 군수물자를 보급받기 위해 홍군은 황하를 건너기 시작했다. 장개석은 이에 대한 저지 작전을 독려하고 지휘하기 위해 1936년 12월 7일 서안으로 급히 날아와 장학량과 양호성에게 공산당 토벌전에 적극적으로 나설 것을 지시한다. 장개석은 서안 동쪽에 있는 화청지에 와 있었는데, 12월 11일 밤 장학량과 양호성은 각각 동북군(東北軍)과 17로군(十七路軍) 간부에게 장개석 체포를 명하여 12월 12일 새벽에 장개석은 동북군에 의해 붙잡히고 만다.

장학량은 ① 남경정부를 개편하고 모든 정파를 참여시켜 구국의 공동 책임을 분담케 할 것, ② 내전을 전면적으로 중단하고 무력 항일 정책을 채택할 것, ③ 상해의 애국운동 지도자들을 석방할 것, ④ 모든 정치범을 사면할 것, ⑤ 인민의 집회의 자유를 보장할 것, ⑥ 애국적 단체를 조직할 인민의 권리와 정치적 자유를 보장할 것, ⑦ 손문 박사의 유지를 이행할 것, ⑧ 전국구국회의를 즉각 소집할 것 등 8개항을 전국에 전파하고 항일 무력투쟁에 나설 것을 요구한다. 중국 공산당은 8개항에 대해 즉각적으로 지지를 표명하였다.

제2차 국공합작 성립

장학량은 장개석을 감금한 뒤 즉시 중국 공산당에 연락을 하여 주은래와 장개석의 대면을 알선했다. 주은래가 서안으로 날아와 장학량, 주은래, 장개석 간의 3자 협상이 진행된다. 이때 소련 스탈린은 항일 통일전선을 구축하기 위해 중국 공산당에게 장개석의 석방을 지시했다. 주은래는 장개석이 내전을 그만두고 항일전쟁에 돌아선다면 그의 국가적 지도권을 인정하고 석방하도록 노력할 것을 약속했다.

당시 장개석 부인 송미령(宋美齡, 쑹메이링)과 그녀의 오빠 송자문(宋子文, 쑹즈원)이 필사적인 노력을 기울였다. 처음 장학량의 제의를 일축했던 장개석은 주은래의 설득에 마음을 돌렸다. 장개석은 내전을 중지하고 홍군과 연합하여 일본에 항전한다는 등 6개항 합의문에 구두로 수락한다. 장개석은 1936년 12월 25일에 석방되었다. 장개석은 문서 합의를 요구하는 주은래에게 "말한 이상 성실히 지킬 것이며 행한 이상 결과가 있을 것이다."라고 대답할 뿐 문서를 남기는 데는 끝까지 반대하였다고 한다.

장개석이 결국 소련이 개입한 가운데 제2차 국공합작에 합의함으로써 중국 공산당은 합법적 정당이 되었고 홍군은 국민당군의 제8로군으로 편입됐다. 서안사변으로 성립된 제2차 국공합작은 홍군을 결정적으로 구한 계기가 되었다. 연안에 사실상 고립되어 있었던 홍군은 휴식과 정비를 위한 시간적 여유를 확보하였다. 또한, 홍군은 국민당의 제8로군에 편입되어 항일투쟁을 하면서 군사적 역량을 극대화할 수 있었다.

#3
신중국 혁명 유적지

연안 혁명 유적지

　연안 도심에는 붉은 황토물이 인상적인 '연하(延河)'강이 흐른다. 협곡에서 내려오는 여러 갈래의 지류들이 연하를 따라 혈관처럼 이어지고 있다. 연하를 중심으로 연안 도심이 형성되었는데 협곡 위로는 보탑산과 청량산, 봉황산 등 산들이 줄지어 있어서 천연 성곽의 역할을 하기에 충분하다.

　서안사변을 통해 극적으로 제2 국공합작이 이루어져 기사회생한 중국 공산당에게 연안은 혁명의 근거지로 거듭난다. 공산당은 선전전을 강화하면서 국민당 손길이 미치지 않은 연안에서 힘을 키운다. 연안에는 중국 공산당 중앙위원회 옛 터인 봉황산(鳳凰山), 중국혁명 성지의 심벌인 보탑(寶塔), 주요 지도자들이 거주하고 중앙 기관과 부서들이 사무를 본 양가령(楊家嶺), 중국 공산당 중앙위원회 서기처 소재지였던 조원(棗園) 등 혁명 역사 유적지가 많이 남아 있다. 연안혁명기념관에서는 혁명의 역사를 한눈에 볼 수 있다.

　1937년 1월부터 1938년 11월까지 중국 공산당은 보탑산과 이웃한 봉

황산 기슭에 자리를 잡았으나 그 후 일본군의 폭격을 피하기 위해 연안에서 서북쪽으로 3km 떨어진 양가령(楊家嶺)으로 자리를 옮겼다. 양가령에는 중공 중앙 서기처와 중앙판공실 그리고 주요 행사를 치른 중앙대례당(中央大禮堂)이 있다. 중앙대례당은 문예는 정치에 복속해야 한다는 모택동의 어록을 남긴 '연안문예좌담'이 열렸던 곳이다. 또한, 모택동 사상을 기초로 한 '자력갱생'과 '자주노선'을 채택한 1945년 제7차 중공 중앙대회가 열렸던 곳이기도 하다.

중앙대례당 오른쪽으로 돌계단을 따라 오르면 황토 언덕을 파서 만든 요동(窯洞) 거주지가 보인다. 모택동과 주은래, 주덕(朱德)을 비롯한 지도자들이 살았던 옛집들이다. 모택동의 요동 입구에는 작은 책상이 하나 놓여 있다. 이 자리에서 유명한 '신민주주의론(新民主主義論)'을 세웠다고 한다. 안쪽에는 침대가 놓인 침실이 있는데 벽 중앙에는 모택동이 부인 강청(江靑, 장칭), 딸

양가령 모택동 요동

과 함께 나란히 찍은 사진이 걸려 있다.

중국혁명 성지의 상징, 보탑

보탑산은 연하강이 흐르는 기슭에 솟은 산이다. 이 산의 정상에 보탑(寶塔)이 세워져 있다고 해서 보탑산(寶塔山)이라 이름하였다고 한다. 보탑산은 충성을 다지는 호위병처럼 연안을 지켜서고 있다. 항일전쟁 시기 각지의 수많은 열혈 청년들이 혁명의 성지 연안을 동경하였다. 그들은 연안에 우뚝 솟은 보탑산과 보탑을 마음속에 그리며 혁명의 길에 나섰고 갖은 어려움을 이기며 연안에 찾아오기도 하였다.

보탑은 당나라 때에 축조되었고 높이가 44m에 달하는 9층 팔각탑이다. 내부에 계단이 조성되어 정상까지 등반이 가능하며 탑에 오르면 연안이 한눈에 내려다보인다. 탑의 한쪽에는 종이 하나 걸려 있다. 명나라 때 주조된 이 종을 울리면 종소리가 연안 시내에 울려 퍼진다고 한다. 중일전쟁 당시 일본군이 공습할 때에는 경보로써 사용되었다.

연안 보탑

팔로군 서안 판사처 기념관

서안사변 직전까지 공산당의 비밀 아지트였던 자리에 지금은 '팔로군 서안 판사처(辦事處) 기념관'이 있다. 주은래로부터 서안에 비밀 아지트를 마련하라는 지령을 받은 유정(劉鼎, 류딩)이 독일인 히버트에게 치과병원 개업을 제안하였다. 이에 따라 서안 칠현장(七賢莊)에서 치과병원을 개업하고 당시 연안에 있는 홍군에게 절실히 필요한 의약품, 의료기계, 통신기자재 등 물자들을 공급해 주는 거점 역할을 했다.

서안사변이 발발되고 해결된 후인 1937년 2월에는 칠현장에 '홍군 서안

팔로군 서안 판사처 기념관

판사처'가 설립되며, 1937년 8월 홍군의 주력 부대가 정식으로 국민혁명
제8로군에 편제된 후에는 '국민혁명군 제8로군 주섬서 판사처'로 명칭이
바뀐다. 이 판사처는 제2차 국공합작 기간 동안 공식적인 '홍군 연락처'
로서 항일의 중추적 역할을 담당한다.

주은래(周恩來, 저우언라이), 주덕(朱德, 주더), 유소기(劉少奇, 류샤
오치), 팽덕회(彭德懷, 펑더화이), 엽검영(葉劍英, 예졘잉), 등소평(鄧小
平, 덩샤오핑) 등 공산당 간부들이 묶었던 곳이기도 하다. 『중국의 붉은
별』이라는 작품의 저자인 미국의 저널리스트 에드가 스노 부부, 캐나다
인 종군 의사 노먼 베쑨(Norman Bethune), 베트남 호치민도 이곳을 통
해 연안에 갔다고 한다.

大唐西市

History & Culture of Xian

8

한중 교류의 길

고대의 활발한 교류 사례

당나라에서 이름을 날린 위인

대한민국 임시정부 독립운동의 발자취

서안에서 한중 간 교류의 재도약

#1
고대의 활발한 교류 사례

삼국인 사신이 담긴
예빈도

예빈도

당 고종과 측천무후의 합장묘인 건릉(乾陵)의 배장묘인 장회태자(章懷太子) 이현(李賢)의 묘에서 유명한 벽화가 많이 발굴되었다. 그중 유난히 주목을 끄는 것이 바로 '예빈도(禮賓圖)'다. '사신도'라고도 불리는 이 벽화는 현재 섬서역사박물관에 소장되어 있다. 왼쪽 세 사람은 당나라 관리이고, 오른쪽 세 사람은 외국 사절이다. 외국 사절 중에서 머리가 벗겨지고 코가 높은 사람은 생김새나 옷차림을 보았을 때 동로마 제국에서 왔으리라 추정된다. 가장 오른쪽 털모자를 쓰고 있는 사람은 기후가 추운 동북부 지역 사신으로 추정된다.

두 개의 깃털을 단 조우관(鳥羽冠)을 쓰고 헐렁한 도포와 바지를 착용한 사신은 삼국인으로 추정된다. 조우관은 삼국이 공통으로 착용하였던 관모이기 때문이다. 고구려와 백제는 이현(李賢)이 태자로 책봉되기 훨씬 전에 멸망했으며, 측천무후 통치기에 외교 관계를 유지한 한반도의 국가는 신라였기 때문에 시간상으로 보자면 그림의 주인공을 신라 사신으로 보는 견해가 우세하다.

고구려 사신으로 보는 견해도 있다. 무덤 벽화가 사실보다는 상징을 중시한다는 점을 고려한다면 고구려 사신일 가능성도 있다. 당나라가 강성했던 고구려를 멸망시키고 나서 국력에 대한 자신감을 갖게 되었는데, 곧 예빈도의 벽화는 당시 당나라 중심 세계관을 표현하기 위해 고구려인의 모습으로 한반도인을 그렸다는 것이다.

신라 사신의 석상

당 고종과 측천무후의 합장묘인 건릉(乾陵)의 지하 궁전 입구 양측에는 61개의 석인상이 있다. 동쪽에 29기, 서쪽에 32기가 세워져 있다. 61국인 석상은 당시 당나라에 오가던 사신들의 모습을 새긴 것으로 추정된다. 고종과 측천무후 시대에 대외 관계에서 이룩해 놓은 업적을 널리 알리기 위해서 조성되었다고 볼 수 있다. 지금은 머리도 다 잘려져 훼손되어 있는 상태다. 석인상의 등에는 국명·종족·관직·함작(銜爵)·성명이 적혀 있었으나 대부분 마멸되고 어렴풋하게 식별할 수 있는 석인상은 일곱 개밖에 되지 않는다.

신라인상으로 추정되는 석상은 건릉으로 가는 길의 동쪽에 세워져 있다. 동쪽 석상군의 마지막 줄에 홀로 세워져 있는 석상은 왼손에 한민족이 특히 잘 다루는 활을 들고 있고, 삼국 시대 신라인들의 옷차림에서 볼 수 있는 3벌 복장을 갖추고 있다. 3벌 복장은 위층, 중간층, 아래층 등 3겹으로 옷을 입는 방식이다. 이런 3벌 복장은 당 태종의 묘 소릉 주변에서 발견된 진덕여왕 석상의 하반신에도 뚜렷이 남아 있다.

건릉 신라인 석상

진덕여왕 석상

신라 진덕여왕의 석상 조각과 그의 직위를 새긴 명문 조각이 당나라 태종의 묘 소릉 주변에서 출토되었다. 1982년 소릉 제단과 주변에 대한 조사 과정에서 진덕여왕 석상 하반신 일부가 발견되었다. 석상은 세 겹으로 된 도포를 입고 있는데, 맨 밑의 끝은 발끝만을 드러낼 수 있을 정도로 길다. 중간과 맨 겉의

진덕여왕 석상

도포는 위로 올라가면서 짧아진다. 그리고 가슴 부위 앞에는 세 겹으로 된 긴 끈이 달려 있는데, 역시 맨 밑의 것이 가장 길고 넓으며 중간 것과 맨 위쪽으로 오면서 작아져 짧아진다. 진덕여왕 석상은 소릉박물관 야외에 소장되어 있다.

2002년 7~12월과 2003년 6~11월에 섬서성 고고연구소와 소릉박물관이 합동으로 소릉 북사마문(北司馬門) 유적지를 발굴할 때에 '新羅…郡…', '…德' 등의 명문이 새겨진 석상 좌대의 잔해를 발견했다. 이 명문을 복원하면 '新羅樂浪郡王金眞德'이 될 것이다. 이로써 1982년에 하반신만 발견됐던 이 좌대의 석상이 진덕여왕임이 확실해진 것이다. 석대 명문석은 섬서성 고고연구소(考古硏究所)에 보관되어 있다.

진덕여왕의 석상 유물은 태종의 소릉 주위에 세워졌던 14국 군장석상(十四國君長石像)' 가운데 일부다. '14국 군장석상'은 당 태종 시기 외교 관계에서 이룩한 업적을 찬양하기 위한 것으로 신라, 돌궐, 토번 등 14국 외국 수장들의 형상을 딴 석상을 만들어 소릉 아래에 세웠다. 그

석상 좌대 잔해

들 중에는 전쟁에 패하여 당 왕조에 굴복한 사람, 귀부한 사람, 그리고 우호적인 교류를 한 사람들이 포함되어 있다. 이 석상들은 당과 주변 국가와의 관계를 설명해 주고 있으며 당 태종 시기 국제 교류의 공적을 드러내기 위한 상징물이다.

중국 현지 학계에서는 『장안지』에 소개된 '신라낙랑군왕김진덕(新羅

樂浪郡王金眞德)'상의 남은 부분으로 파악하고 있다. 송나라 때 장안 사적을 기록한 『장안지』는 태종릉에 도열한 14국번군장상의 사적을 언급하면서 그중 하나의 석상 좌대에 '新羅樂浪郡王金眞德'이라는 명문이 새겨져 있었다고 적고 있다.

진덕여왕 석상과 명문 조각들은 당시 동아시아 교류 역사를 알 수 있는 귀중한 유물이다. 특히, 당시 신라와 당나라 간의 선린 우호 관계가 얼마나 밀접하게 이루어졌는가를 알게 한다. 아울러 신라 복식에 대한 희귀 실물 자료일 뿐 아니라 다른 신라 유물들의 연대 추정에 큰 도움을 주는 유물이라는 점에서 중요하다.

#2
당나라에서 이름을 날린 위인들

불교 문화 발전에 공헌한
원측스님

　당나라 시기인 7~9세기 한중 양국 간의 교류는 구법승에 의해 이루어졌다고 해도 과언이 아닐 정도로 많은 구법승들이 불교의 가르침에 대한 더 깊은 깨달음을 얻기 위해 당시 동아시아의 중심 도시이자 불교 문화로 꽃피고 있는 장안으로 왔다. 이들은 불경 연구와 역경 사업 등에 참여하여 중국 불교 문화의 발전에 기여했을 뿐만 아니라 한국 불교사상의 기틀을 세우는 데 중요한 역할을 하였다.

　원측스님(613~696년)은 신라 왕자 출신으로 15세 때에 불교에 대한 더 깊은 이치를 깨달아야겠다는 신념에 따라 중국에 들어가 장안에서 법상(法常)과 승변(僧辯) 등 고승들로부터 수학한 다음 현장법사가 구법 여행을 마치고 장안으로 돌아온 후 문하생으로 들어갔다. 범어와 서장어 등 6개 언어에 능통했던 원측스님은 현장법사의 역경도량(譯經道場)에서 수많은 경전을 번역하여 역장(譯將, 번역 장군)이라고 불렸다.

현장법사가 번역한 법상종의 소의경전 『해심밀경』에 대해서 주소(注疏)한 것을 비롯하여 『성유식론소』 등 빛나는 저술도 하였다. 서명사(西明寺) 대덕으로 임명되어 유식학을 강의하였다. 원측의 독특한 유식사상은 서명파를 형성해 규기의 자은파와 함께 법상종의 양대 조류를 이루었다. 제자 도증(道證)이 692년 신라로 돌아와 태현(太賢)에게 유식학을 전함으로써 신라의 유식종이 성립된다.

외국인이었던 원측이 당시 장안의 대표적 사찰 가운데 하나인 서명사의 대덕이 될 수 있었던 데는 원측스님의 탁월한 실력, 외국인에게 관대했던 당나라의 문화적 분위기와 측천무후의 전폭적 지지가 작용하였다고 한다. 신라에서 여러 번 원측의 귀국을 요청했지만 측천무후의 거절로 번번이 무산되었고, 84세로 낙양 불수기사(佛授記寺)에서 입적할 때까지 내내 당나라에서 지냈다.

원측은 자신을 스승 현장의 사리탑 옆에 묻어 달라고 유언했다. 원측제자들은 다비를 마치고 사리 49과를 얻어 용문산(龍門山) 향산사(香山寺)에 안치하였다가 그 후 제자 자선(慈善)과 승장(勝莊) 등이 사리를 나누어서 종남산 풍덕사(豊德寺)에 사리탑을 세웠다. 그로부터 400여 년이 지난 송나라 휘종 때(1115년) 홍교사 현장의 사리탑 옆에 탑을 세우고 사리를 옮겨 모셨다.

원측 사리탑이 현장법사 사리탑 및 규기화상 사리탑과 함께 나란히 세워진 것은 불교사상 발전에 기여한 원측스님의 위대한 업적을 말해 주고 있다. 한편, 홍교사(興教寺)에는 불국사 측에서 성덕대왕 신종(聖德大王神鍾, 일명 에밀레종) 원형을 그대로 주조하여 증정한 범종이 있다.

흥교사 원측탑

해동화엄종을 창시한 의상대사

의상(義湘)대사(625 ~ 702년)는 지상사에 와서 중국 화엄종 2조 지엄(智儼)화상에게 화엄 사상의 요체를 배운 후 신라에서 화엄종을 열어 해동화엄종의 시조가 되었다. 의상 대사가 수학한 결과를 대표적으로 보여 주는 것이 668년 저술한 『화엄일승법계도(華嚴一乘法界圖)』다. 『화엄일승법계도』는 7언 30구 210자로 화엄 사상의 핵심을 4개의 '회(回)'자 모양의 도인(圖印)으로 나타낸 것으로 알려져 있다.

의상대사 수련 기념탑

지엄화상은 어느 날 다음과 같은 꿈을 꾸었다. 동쪽 바다 멀리 한 그루의 큰 나무가 무럭무럭 솟아올랐다. 그 나무에서 가지 하나가 길게 뻗어 이곳 종남산까지 드리웠다. 신기하게도 그 나뭇가지 위에는 봉황의 둥지가 있고 반짝반짝 빛나는 마니보주(구슬)가 들어 있었다. 그걸 막 주

우려는 순간에 눈이 너무 부셔 깜짝 놀라 잠을 깼다. 지엄 화상은 일어나 귀한 손님이 올 것으로 생각하여 주위를 깨끗이 하고 경건히 하루를 기다렸는데 의상이 찾아왔다고 한다.

의상대사는 중국 화엄종 3대 종정인 법장(法藏)스님과 함께 지엄화상의 양대 수제자로 이름을 날렸다. 2007년 12월 의상대사 수련을 기념하는 비석이 지상사에 설치되었다.

의상대사는 지상사에서 지엄화상에게서 배우면서 이웃 정업사에서 수도하고 있었던 도선율사(道宣律師)와 7여 년에 걸친 교류를 하였다. 이에 관한 설화가 삼국유사에 실려 있다. 하루는 도선율사가 의상을 식사에 초대하였다. 도선은 하늘에서 보내 주는 음식을 먹는 도사였다. 의상이 초대를 받고 하늘의 음식을 기다렸으나 아무리 기다려도 음식이 오지 않아 돌아갔다. 의상이 나가자 바로 하늘 음식이 도착했다. 도선이 음식이 늦은 이유를 천사에게 물으니 "신병(神兵)들이 골짜기 가득하게 길을 막아 들어올 수가 없었습니다."라고 말했다. 도선은 의상의 도와 덕이 높아 신병들이 호위하고 있다는 사실을 알았다.

『왕오천축국전』을 쓴 혜초스님

혜초(慧超, 704~787년) 스님은 어렸을 때부터 불도에 전념하여 경전을 즐겨 읽고 여러 고승들의 강론을 듣곤 하다가 성년이 되면서 좀 더 깊은 교리를 공부하여야겠다는 일념으로 16세에 중국에 건너가 남천축 출신 금강지(金剛智) 삼장을 만나 밀교에 대해 배웠다. 부처님 나라 천축에 가고픈 바람과 스승 금강지 삼장의 권유로 719년 광주(廣州)를 떠나 해로로 723년에 인도에 갔다.

인도 각지와 불교 문화가 꽃폈던 간다라, 바미얀 등 서역을 돌아보고 와칸 계곡을 지나 세계의 지붕이라 불리는 파미르고원을 넘었다. 그리고 비단길의 서역 북로를 따라 카슈가르, 쿠차, 고창을 지나 천불동의 화려한 예술을 꽃피운 돈황을 거쳐 728년경에 당나라의 수도 장안에 도착했다.

혜초는 인도와 중앙아시아 등 서역 지방 여정의 경험을 『왕오천축국전(往五天竺國傳)』이라는 불후의 기행문으로 남겼다. 여행 여정과 보고 느낀 점이나 전해들은 내용이 소상히 기록되어 있다. 목숨을 내건 험난한 여정이었지만 혜초스님은 진리를 찾고자 하는 뜨거운 열정과 미지의 세계를 향한 호기심과 동경으로 이 모든 역경을 이겨 내고 다양한 풍경과 순례자로서의 감회를 기록으로 남겨 후세에까지 전해 주고 있다.

혜초스님 순례도

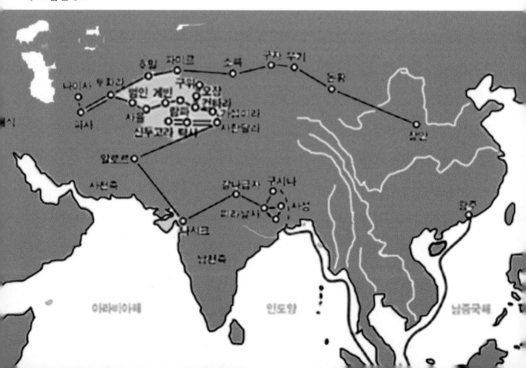

　『왕오천축국전』은 돈황 막고굴에서 프랑스인 펠리오(Pelliot)에 의해 발견된 필사본 중 하나로 세상에 알려지게 되었다. 폭 28.5㎝, 길이 358.6㎝의 두루마리에 227행 5,893자의 한자가 쓰여 있으며, 현재 파리 국립도서관에 보관되어 있다. 불교에 관한 것을 중심으로 인도와 중앙아시아 여러 나라의 정세·풍습·언어·지리·종교 등을 담고 있다. 음식·산물·기후·의상 등에 관한 기록은 사료적 가치가 높을 뿐 아니라 8세기 인도, 중앙아시아에 대하여 알 수 있는 귀중한 기록 유산으로서 세계적으로 주목을 받고 있다.

　혜초스님은 장안의 천복사(薦福寺)에 머무르며 밀교 경전 연구를 하였고 대흥선사(大興善寺)에서 50년 동안 많은 불경을 번역하였다. 금강지 고승의 법통을 이은 불공삼장(不空三藏)의 6대 제자 중 한 사람으로 당나라에서 이름을 떨쳤다.

　또한, 혜초스님은 774년 당나라 대종(代宗)으로부터 가뭄을 해소해 달

신라국 고승 혜초 기념비

라는 당부를 받고 선유사(仙遊寺) 옆 옥녀담(玉女潭) 거북바위에서 기우제를 주관하기도 하였다. 이 바위에는 '혜초기우제평'이라 새긴 글이 남아 있다. 선유사는 당·송 시대에는 많은 문인이 유람한 곳이며, 특히 백거이가 「장한가(長恨歌)」를 지은 현장이다.

선유사는 댐 공사로 인하여 원래 위치에서 이전하여 복원 작업이 계속되고 있다. 선유사의 법왕탑(法王塔) 등 사찰 당우도 사찰지로부터 2.8km 떨어진 곳에 새로 복원되었다. 혜초가 기우제를 지냈던 옥녀담 거북바위도 수몰될 위기에 처했으나 대한불교 조계종 등의 노력으로 현재의 위치로 옮겨왔다. 혜초 스님을 기리기 위해 조계사, 선유사 문물관리소 등이 협조하여 2001년 '신라국고승혜초기념비(新羅國高僧慧超紀念碑)'와 '혜초기념비정'을 건립하였다.

도교 선인으로 추앙받은
김가기

김가기(金可紀)는 당나라에 유학하여 빈공과(賓貢科)에 급제하고 명문장으로 이름을 떨쳤으나 도(道)의 탐구를 좋아하여 신선의 경지에 오르는 술법인 복기법(服氣法)을 수련하는 등 도교 수행에 정진하여 결국에는 벼슬도 그만두고 자오곡(子午谷)에 은거하였다. 자오곡에는 금선관(金仙觀)이라는 도관이 있다. 금선관은 한 무제 때 축조되었고 현도단(玄都壇)이라 불렸다. 종남산에서 수도하는 은사들이 세운 도관 중에서 가장 유명한 것이 바로 금선관이다.

김가기는 858년 당나라 황제에게 옥황상제의 부름으로 영문대시랑(英文臺侍郎)이 되어 승천할 것이라고 예언하고 다음 해 음력 2월 25일 죽었다고 한다. 중국 도교인들은 '금선관(金仙觀)'에서 김가기 선인(仙人)에게 매년 음력 2월 25일 제사를 지내고 있다. 자오곡에서는 북송(北宋) 때에 건립된 것으로 추

금선관

정되는 거대한 화강암 덩어리로 만들어진 마애석각(摩崖石刻)이 발견되었는데 승천 등 김가기의 전기가 새겨져 있다. 마애석각이 발견된 곳은 김가기가 수련한 곳으로 추정되며, 이 마애석각은 현재 장안구박물관(長安區博物館)에 보관되어 있다.

마애석각이 발견됨에 따라 한중 양국의 역사학자와 도교 신자들이 도교 교류에 큰 관심을 나타내기 시작하였고, 2002년 한중일 도교 학술회가 루관대(樓觀臺)에서 열리는 계기에 한중 도교 교류 기념탑(김가기 기념비)이 건립되었다. 루관대는 노자가 『도덕경』을 저술하고 산 중턱에 있는 설경대(說經臺)에서 경전 강의를 하였다고 하는 유명한 도교 성지이다.

한중 도교교류 기념비

「토황소격문」으로
이름을 날린 최치원

최치원(崔致遠)은 한중 교류에 있어
서 독특한 인물이다. 당나라 황소(黃
巢)의 난 때 고변(高騈) 총사령관의 종
사관으로 활동하면서 적장의 간담을
서늘하게 한 「토황소격문(討黃巢檄
文)」을 지어 황소의 난을 평정하는데
기여하였다. 또한, 최치원은 당나라 때
화엄종 고승 법장(法藏)의 전기인 『법
장화상전(法藏和尙傳)』을 썼다. 이것
은 그만큼 문장력으로 최치원의 명성
이 높았다는 사실을 알려주는 사례이
다.

최치원은 6두품으로 신라에서는 출
세에 한계가 있는 상황에서 열두 살이
던 868년(경문왕 8년) 당나라로 유학

금선관 내 최치원상

을 갔다. 이때 그의 아버지는 "10년 안에 과거에 합격하지 못하면 나의
아들이라 하지 않겠다."라며 엄한 훈계를 내렸다고 한다. 당시 당나라는
주변국에 문호를 개방하고 외국인에게도 과거 시험을 치를 수 있게 했
다. 최치원은 일종의 국비 유학생으로 뽑혀 당나라 장안으로 가서 유학 7

년 만에 빈공과(賓貢科)에 장원으로 합격했다.

최치원은 장안에 머무를 때 도교의 중심지였던 금선관에 갔었다고 한다. 그때 김가기로부터 수련법의 구결을 전수하였다. 최치원은 고국으로 귀국한 후에 도맥(道脈)을 후세에 전해준 대표적인 인물이 되었다. 그의 대표적인 문집 『계원필경집(桂苑筆耕集)』에는 도관(道觀) 재초(齋醮)를 위해 쓴 청사(靑詞) 여러 편이 들어 있다. 금선관 대전 가운데는 중국 도교의 선조인 노자, 종리권(鍾離權), 여동빈(呂洞賓)상이 모셔져 있고 양쪽에 신라의 김가기, 최치원상이 모셔져 있다.

강소성(江蘇省) 양주(揚州, 양저우)에는 최치원 기념관이 건립되어 있다. 신라의 천재 문인 최치원 선생이 당나라 과거에 급제하여 양주에서 관리를 지냈기 때문에 이를 기리기 위한 것이다. 양주는 수나라 때 경항(京抗) 운하가 장강에 연결되어 당나라 때부터 국제적인 항구로서 번창하였다. 소금 집산지로서 풍요를 자랑했던 곳이고, 음식 문화가 발전한 곳으로 대표적인 음식은 양주볶음밥(揚州炒飯, 양저우차오판)이다.

#3
대한민국 임시정부 독립운동의 발자취

대한민국 임시정부 이동

1919년 3·1 독립운동을 계기로 성립된 대한민국 임시정부의 역사는 상해 시기, 이동 시기, 중경 시기로 구분할 수 있다. 그 가운데서도 이동 시기가 가장 힘든 시기였고, 그래서 이동 시기를 '장정시기(長征時期)'라고도 부른다. 1932년 4월 29일 상해 홍구공원(현 노신공원)에서 일어난 한인애국단의 윤봉길 의사 의거는 한국 독립운동의 흐름을 바꿔 놓은 쾌거였다. 일제의 '천장절' 기념식 및 상해사변

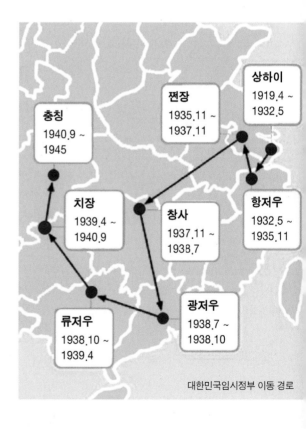

대한민국임시정부 이동 경로

승리 축하식에 참여한 시라카와(白川義則) 일본군 총사령관 등 일제의 군부와 정계 관계자 수 명을 처단한 의거이다.

그러나 윤 의사 의거 후 일제의 탄압이 가중되어 임시정부 요원들은 부득이 상해를 떠나야 했다. 1932년 5월 대한민국 임시정부는 긴급히 항주(杭州, 항저우)로 옮겼다. 항주의 서호(西湖)에서 멀지 않은 곳에 항주임시정부 청사가 복원되어 있으며, 2014년 중국 정부가 발표한 국가급 항일전쟁 유적지에 포함되어 있다.

김구 주석은 임시정부와는 별도로 가흥(嘉興, 자싱)으로 급히 피신했다. 이때 저보성(褚輔成, 주푸청)이라는 인사가 해염(海鹽, 하이옌)현에 피신처를 마련하는 등 많은 도움을 주었다. 윤봉길 의사 의거 이후 임시정부는 항주에 두었지만 일제의 감시나 정보망을 피하기 위해 가흥 남호(南湖, 난후)에서 국무위원회를 개최하기도 하였다.

윤봉길 의사 의거 현장 표석

임시정부는 내륙인 남경 방향으로 이동해 1935년 11월 진강(鎭江, 쩐장)에 자리 잡았다. 진강은 상해와 항주에서 남경으로 가는 길목이다. 2013년 5월 22일 '진강 대한민국 임시정부 사료 진열관'이 개관되어 강소성 진강시에서도 선열들의 독립운동 발자취를 살펴볼 수 있게 되었다.

1937년 7월 중일전쟁이 시작된 지 넉 달 만에 국민당 정부의 수도 남경이 함락의 위험에 처해 그해 11월 중국 정부는 중경 천도를 선언했다. 결국 곧바로 일본군이 남경을 점령하며 '남경대학살'을 자행한다. 대한민국 임시정부도 급하게 장사(長沙, 창사)로 옮겨 갔다. 장사에서 임시정부는 1938년 5월 '남목청 사건'이라는 총격 사건에 휘말려 임시정부 요원들이 희생되는 등 큰 위기를 겪었다.

1938년 7월 임시정부는 장사를 떠나 광동(廣東)성 광주(廣州, 광저우)로 향했지만, 일본군이 광동성에 상륙하자 임시정부는 채 자리도 잡기 전에 이곳을 떠나 1938년 10월 유주(柳州, 류저우)에 도착했다. 그 후 1939년 4월 임시정부는 기강(綦江, 치장)으로 이동하여 1년 반 동안 머무르다가 1940년 9월 중국의 전시 수도 중경(重慶, 충칭)에 정착했다. 중경에서 한국광복군 창설, 좌우 합작의 임시의정원 개원, 「대한민국건국강령(大韓民國建國綱領)」의 제정·반포 등의 활동을 전개하였다.

서안에서 독립운동 역사

중경 시대 임시정부는 광복군의 확대·강화와 척후 공작, 중국·미국과의 군사적 연대 및 국내 침투작전 준비 등을 통해 직접적인 대일 무장투쟁에 나섰다. 서안은 일본군이 점령하고 있던 화북 지역과 최전선을 이루고 있던 곳이라 대일 무장투쟁이 활발히 전개될 수 있었다.

1940년 9월 17일 중경에서 창설된 광복군은 그해 11월 총사령부를 서안으로 옮겼다. 이청천(李靑天) 총사령관과 이범석(李範奭) 참모장은 중국 군사 당국과의 협정 문제를 처리하기 위해 중경에 남고, 황학수(黃學秀)를 총사령관 대리로 하여 총사령부잠정부서를 편성하였다.

1942년 4월 초에 광복군 제2지대가 기존에 편성된 제1지대와 제2지대, 제5지대를 통합하여 새롭게 편성되었다. 지대장은 광복군 참모장 이범석이었다. 제2지대는 성립 직후에는 서안시 이부가 4호(西安市 二府街 4號)에서 총사령부와 함께 있다가 총사령부가 1942년 9월 중경으로 이전해 간 후에는 서안시 교외의 두곡진(杜曲鎭, 두취쩐)으로 옮겼다. 제2지대는 화북 지역에 이주해 있던 한인 청년들을 모집하는 초모 활동을 전개하여 병력을 확보하면서 광복군의 주력 부대가 되었다.

#4
서안에서 한중 간 교류의 재도약

따오기 기증

천연기념물 따오기는 동요의 노랫말에 오를 정도로 흔한 철새였으나 1980년대 이후 한반도에서 사라졌다. 세계적으로도 따오기는 희기조이다. 중국에서도 수량이 급감하여 멸종된 것으로 보았으나 1981년 5월 섬서성 한중(漢中)시 양현(洋縣)에서 7마리의 따오기가 서식하는 것이 발견되었다. 그 후 따오기를 포획하여 개체 수 증식에 노력을 기울여 이제는 1,000여 마리로 증가하였다.

따오기

2008년 5월 한중 양국 정상 간 합의에 따라 그해 10월 따오기 두 마리 기증식이 서안에서 개최되었으며, 수컷은 '양저우(洋洲)', 암컷은 '룽팅 (龍亭)'이라고 이름을 지었다. 이어서 2013년 6월 양국 정상 간 합의에 따라 동년 12월에 2차 따오기 기증식이 역시 서안에서 개최되었다.

따오기는 경상남도 창녕군 유어면 세진리 우포늪에 있는 '우포 따오기 복원센터'에서 복원 작업이 진행되어 왔고, 2016년 10월에는 복원된 따오기를 일반 관람객들에게 공개하였다. 2008년 중국에서 암수 따오기 한 쌍을 들여와 복원 사업을 벌인 지 8년 만에 일반에 이루어진 첫 공개이다. 1979년 판문점 비무장지대에서 마지막 관찰된 뒤 자취를 감춘 지 37년 만의 결실이다.

삼성 반도체 공장 건설

삼성전자가 반도체 분야에 투자하면서 한국에게 서안은 새로운 투자 지역으로 떠오르고 있다. 2012년 4월부터 삼성전자가 반도체 공장을 건설하면서 '삼성 효과'와 '서안 속도'라는 신조어가 생겨났다. 삼성전자 투자를 계기로 한국 기업들이 속속 진출하면서 서안은 서부 최대 한국 기업의 집결지로 거듭나고 있다.

삼성 반도체 투자는 중국이 개혁 개방 이래 유치한 단일 외자 투자 프로젝트 중에서 가장 큰 규모이며, 한국 기업이 외국에 투자한 단일 프로젝트 중에서 가장 큰 규모이다. 총 3기 공정으로 계획되어 있으며, 이미 75억 달러 규모의 1기 공정 투자를 마치고 양산 체제에 접어들었다. 이로써 삼성전자는 한국, 중국, 미국을 연결하는 '글로벌 반도체 생산 3거점 체제'를 구축했다.

서안 반도체 공장은 SSD(Solid State Drive) 낸드플래시(V-낸드) 메모리를 생산한다. SSD는 메모리 반도체 일종인 낸드플래시를 기반으로 작동하는 차세대 대용량 저장 장치이다. 서안 반도체 공장에서 생산되는 반도체는 최첨단 제품으로 한 개에 웬만한 대학 중앙도서관 정보를 거의 담을 수 있다고 한다.

광복군 제2지대 표지석 설치

한국 측이 '광복군 제2지대 표지석' 설치를 요청한 후에 중국 정부의 적극적인 협조로 표지석 설치가 이루어졌다. 광복군 제2지대 주둔지였던 서안시 장안구(長安區) 두곡진(杜曲鎭) 곡식 창고 앞에 약 600평 규모의 기념 공원을 조성하고 공원 내에 광복군 제2지대 표지석을 비정(碑亭, 비석의 정자)과 함께 설치한 것이다. 2014년 5월 29일 한중 양국 정부 인사, 광복회 관계자, 교민 등이 참석한 가운데 광복군 제2지대 표지석 제막식이 개최되었다.

광복군 제2지대 표지석 기념 공원이 조성된 이후 방문객들의 편의를 위해 섬서성 및 서안시 정부와 지속적으로 협의하여 도로변에 표지석 공원 안내 표지판을 설치하고 이어서 관리사무소와 화장실 등 시설을 설치

광복군 제2지대 표지석 공원

하였다. 광복군 제2지대 표지석 공원이 알려지면서 찾는 사람들도 많아지고 있다. 광복군 제2지대 표지석 기념 공원이 한중 양국 국민 특히, 양국 청소년들의 역사 교육 현장으로 보다 많이 활용되기를 기대한다.

한중 우호 상징탑
다보탑 건립

2015년 5월 18일 서안 산파(滻灞, 찬빠)생태구 공원에 실물과 똑같은 크기로 만든 다보탑이 '한중 우호 상징의 탑'으로 명명되어 세워졌다. 천년의 역사를 간직한 신라 시대에 만들어진 다보탑은 섬세함의 극치이며 한국 석탑의 백미이다. 경주 화강암을 재료로 하여 하나하나 만들어 가지고 와서 일일이 끼워 맞추는 방식으로 쌓아 올려 꽃이 핀 듯한 생동감 넘치는 조형미를 재현하였다.

한중 우호 상징탑이 세워진 데에는 삼성전자가 반도체 공장을 건설하기 시작하면서 서안을 비롯한 섬서성(陝西省)에 불붙기 시작한 한국의 붐과 밀접한 관계가 있다. 경상북도는 2013년 4월 초 코리아 실크로드 탐험대를 시안에 입성시키고 섬서성과 자매결연 관계를 맺었으며 인문 교류 확대를 위한 상징적인 의미로 다보탑 기증을 추진하기로 하였다.

섬서성 정부는 자매결연 관계와 한중 양국 간 인문 교류 심화라는 측면에서 큰 의미가 있다는 점을 들어 중국 정부에 건의하고 여러 부서들과 협의를 거친 후에 경상북도의 제의를 받아들였다고 한다. 한중 우호 상징탑(다보탑)은 대형 문화 유적지가 즐비한 서안에서 산파생태구 공원에 우뚝 서 있다.

한중 우호 상징탑

한중 인문 유대 강화

한중 전통 복식 세미나

한중 양국 정상 간 합의에 따라 시작된 인문 유대 강화 사업 일환으로 2013년 11월 한중 인문교류공동위원회가 출범한 후 중국에서는 최초로 서안에서 2014년 11월에 한중 인문교류공동위가 개최되고, 이어서 현지 지방정부 및 대학교 등과 협력하여 전통 복식 세미나 등 다채로운 인문 교류 행사를 개최하여 많은 관심을 끌고 있다.

서안은 고대 실크로드의 기점으로서 일대일로 전략이 추진되면서 봄날을 맞이하고 있다. 중앙정부의 전폭적인 지원을 받으면서 실크로드 예술제 등 수많은 일대일로 관련 행사가 개최되고 있다. 서북(西北)대학 등 주요 대학에는 일대일로 연구소가 설립되고 서안교통대학은 일대일로 연선(沿線) 국가 대학들이 참여하는 대학 연맹을 결성했다.

서안은 국제화물철도인 장안(長安)호의 출발지이며 중앙아시아, 유럽으로 가는 대부분의 철도가 통과하게 돼 있어 물류 중심지로 부상하고 있다. 또한, 섬서성이 자유무역시험구로도 지정되어 서안은 일대일로와 자유무역시험구라는 두 개의 핵심 정책을 추진하는 거점이 되었다. 최근에는 대서안(大西安) 정책에 박차를 가하고 있는데 앞으로 명실상부하게 서북부 지역의 거점 도시로 발전해 나갈 것으로 전망된다.

섬서성은 성 내에서 가장 큰 행사로서 동서부 투자 박람회를 매년 개최해 왔다. 2016년부터는 규모를 더욱 확대하여 실크로드 국제박람회라는 이름으로 개최하고 있다. 2016년 실크로드 국제박람회 행사에는 한국이 주빈국으로 참여하였다. 산업부 장관을 단장으로 하는 대표단이 참석하고, 100여 개 한국 기업들이 참여한 홍보관이 운영되었다. 전통무용, 태권도, B-boy 등으로 구성된 한국 공연단의 대당서시(大唐西市)에서의 공연은 높은 평가를 받았다.

실크로드 국제박람회 주빈국 국가관 개관식 공연

맺는말

"백 번 듣는 것보다 한 번 보는 것이 낫다.(百聞不如一見)"라는 말이 있듯이 서안과 주변을 보면 많은 것을 느끼고 깨닫게 한다. 이곳은 주진한당(周秦漢唐) 등 고대 중국의 왕조들이 도읍지를 정한 곳으로 유구한 역사를 자랑한다. 중국 문명의 발상지인 이곳은 실크로드를 통해 외래문화도 흡수하여 수준 높은 문명을 창조하였다. 그리고 도교가 발생하고 불교가 융성하였다. 위대한 불교 구도자 현장법사의 족적이 곳곳에 각인되어 있으며 고난을 극복하고 서천취경(西天取經)을 한 이야기가 계속되고 있다.

따라서 서안과 주변 지역은 역사의 뿌리, 문명의 뿌리, 종교 발전의 뿌리를 찾을 수 있는 근원이라고 할 수 있다. 그리고 바로 신중국 혁명의 근거지인 연안(延安)이 있기 때문에 현대 중국의 뿌리이기도 하다. 아울러 많은 한국의 선각자들이 와서 공부하고 활동했던 곳이기에 한중 교류의 뿌리를 찾을 수 있는 곳이다. 서안과 주변 지역을 탐방하다 보니 이곳이 그야말로 한중 관계의 뿌리가 깊은 곳이라는 것을 실감할 수 있었다.

첫째, 당나라 때 많은 구법승, 유학생 등이 이곳에 와서 공부하고 활동하였다. 특히 구법승들이 불교 문화로 꽃피고 있는 장안(長安)에 와서 불경 연구와 역경 사업 등에 참여하여 불교 발전에 기여하였다. 흥교사에는 신라인 원측 사리탑이 규기 사리탑과 함께 현장법사 사리탑을 시립하듯 자리하고 있다.

둘째, 한중 양국은 중요하고 우호적인 관계를 유지했다. 소릉(昭陵) 주변에서 출토된 진덕여왕 석상, 건릉(乾陵) 신라인 석상, 그리고 장회(章懷)태자 묘에서 발굴된 사신도에 나오는 신라 사신(혹은 고구려 사신)은 이를 알려주는 사례이다. 당나라 때 신라인들이 과거에 합격하여 관료 생활을 하였으며 최치원 선생은 대표적인 인물이다.

셋째, 한중 양국은 어려울 때 서로 도왔다는 것이다. 특히 일제가 침략을 할 때 양국 국민은 손을 잡고 일제에 항거하였다. 한국의 선열들이 서안에서도 독립운동을 활발히 전개하였는데 2014년에 중국 정부의 협조로 광복군 제2지대 표지석 공원이 설립되었다.

한중 양국은 수천 년간 면면히 이어진 관계 속에서 교류하고 협력해 왔다. 그리고 양국 관계는 수많은 사람의 열정으로 쌓여지고 다져 왔다. 어떤 상황에서도 양국은 교류와 협력의 끈을 놓아서는 안 된다. 오히려 선조들이 이루어 놓은 성과를 기반으로 더욱 발전시켜 가야 한다. 일시적인 상황에 일희일비(一喜一悲)하지 않고 뚜벅뚜벅 앞으로 나아가는 자세로 정진해 가야 한다.

이 책을 쓴 목적도 보다 많은 사람들이 중국 역사문화와 한중 교류 역사를 이해하여 양국 관계 발전에 도움을 주자는 데에 있다. 서안과 실크로드 탐방을 통해 견문을 넓히고 역사와 문화의 훈훈한 체취를 가슴 뿌듯이 느끼며 한중 관계의 밝은 앞날에 대해서도 생각해 보는 기회가 되기를 기대한다.

참고문헌

중국어 문헌

陕西名碑刻石欣赏（武天合 编著 1999.6 陕西地图出版社）

陕西帝王陵（惠焕章 主编 2000.6 陕西旅游出版社）

长安瑰宝（长安博物馆 2002.9 世界图书出版西安公司）

道学寻真（樊光春 崔炳柱 张应超 2003.2 陕西省社会科学院道学研究中心韩国世界金仙学会）

风水与西汉陵（韩养民 韩小晶 2003.12 三秦出版社）

韩城古城（薛引生 2004.8 韩城市委员会文史资料委员会）

曲江文史宝典（李令福 李元 耿占军 2004.11陕西人民美术出版社）

陕西行知书（李默 2005 广东旅游出版社）

陕西历史博物馆（冯庚武 2005.8 陕西旅游出版社）

曲江大略（郭捷 2005.9 陕西人民出版社）

茂陵与霍去病墓石雕（王志杰 2005.9 三秦出版社）

梦幻的军团（孟剑明 2005.9 西安出版社）

西安建筑图说（樊宏康 2006.4 机械工业出版社）

漫步西安碑林（2008.3 西安碑林博物馆宣教部 编）

陕西古代文明（2008.3 陕西人民出版社 陕西历史博物馆 编著）

西安博物院（向德 王锋钧 2009.5 文物出版社）

大明宫遗址（2009.9 西安曲江大明宫遗址区文物局 编）

慈恩印象（罗宏才 2009.10 上海大学出版社）

唐朝与新罗关系史论（拜根兴, 2009.11 中国社会科学出版社）

山水秦岭（赵乐宁 2010.8 陕西旅游出版社）

佛都长安（景俊海 2010.8 陕西旅游出版社）

人文陕西（景俊海 2010.8 陕西旅游出版社）

红色延安（张连义 2010.9 陕西旅游出版社）

青铜铸文明（2010.9 宝鸡青铜器博物院 编著）

西安碑林博物馆（张云 2011.2 陕西旅游出版社）

秦岭七十二峪探秘 （2011.4 陕西旅游出版社）

东方古都西安 （郑育林, 王锋铎 2013.2 陕西人民出版社）

秦都咸阳遗存文化研究 （唐群 2013.10 陕西人民出版社）

走进西安碑林 （路远编著 2014.11 未来出版社）

秦汉新城 （李世忠 2015.6 陕西出版传媒集团 陕西人民出版社）

行游榆林旅游丛书 （李光荣 2015.7 阳光出版社）

丝路印记 （吴健 2015.9 中国旅游出版社）

考古队长说阳陵 （王学理 2015.11 三秦出版社）

陕西佛教 （2016年秋季刊 陕西省佛教协会）

人类敦煌 （中共敦煌市委 敦煌市人民政府 2016.9）

Landscape of Grand Gansu (2016.9 甘肃人民美术出版社)

酒泉旅游 （酒泉市旅游局）

한국어 문헌

고대 동아시아 불교문화 교류와 실크로드 (2013.8.학술회의)

고사성어 대사전(해동한자어문화 편역, 2007.2, 아이템북스)

고사성어로 한눈에 정리하는 중국역사 이야기(박병규, 2009.1, 일송북)

고승열전 (정병삼 지음, 2014.7 가산불교문화연구원)

당 장안의 신라 사적 (변인석 2008.4.30 한국학술정보(주))

돈황과 실크로드 (왕서경 · 두두성 편집 2007.3 서안지도출판사)

먼 서역 실크로드의 하늘에서 (김원경 1994.4 민족문화사)

매일경제 Citylife 제541호(2016.8, 박기종)

무측천 평전 (조문윤 · 왕쌍회 지음, 김택중 · 안명자 · 김문 옮김 2004.11 도서출판 책과 함께)

사기열전(사마천 지음, 김원중 옮김, 민음사)

신라학과 장안학의 관계 연구 (2014.10 제8회 신라학회 국제학술대회)

실크로드 (정목일 2007.7 문학관)

실크로드의 악마들 (피터 홉커크 지음, 김영종 옮김 2000.7 사계절)

신중국사 (존 킹 페어뱅크 지음, 중국사연구회 번역 1994.10 까치)

영원한 사막의 꽃 돈황 (서용 2004.8 여유당)

위키백과(2014.5월, 진나라/2016.9월, 제자백가)

이야기 중국사2(김희영, 청아출판사)

이유진의 중국 도읍지 기행 (이유진, 주간경향)

이효진의 창 "走遍中國"

일대일로 (이강국 2016.1 북스타)

장안과 낙양 그리고 북경 (김학주 2016.7 연암서가)

중국 당대 황제릉 연구 (유향양 · 추교선, 2012.12 서경출판사)

중국 문화사 (두정승 지음, 김택중 · 안명자 · 김문 번역 2001.8 지식과 교양)

중국 문화의 즐거움 (중국문화연구회 2009.4 차이나 하우스)

중국사 다이제스트 100(안정애, 2012.3, 가람기획)

중국사 이야기 (화강 · 장국호 지음, 구성희 · 추교순 · 구자원 옮김 2008.2 신서원)

중국사를 움직인 100대 사건(홍문숙, 청아출판사)

중국사 100 장면 (안정애 · 양정현, 1993.11 가람기획)

중국 상하오천년사(풍국초 지음, 이원길 옮김, 2005.9, 신원문화사)

중국서안비림 名碑 (2008.7 서울역사박물관 발행)

중국 스토리 인물사(아시아경제, 박종구)

중국 역사 이야기 (박병규 2009 일송북)

중국 지리의 즐거움 (고려대 중국학연구소 2012.2 차이나 하우스)

중국 청동기의 신비(리쉐친 지음, 심재훈 옮김 2005.2 학고재)

진시황제의 무덤 (웨난 지음, 허유영 옮김 2008.7 크림슨)

한국 - 섬서성 교류사 개정판 (주시안총영사관 2016.8)

2200년 전의 제국 군사 (오효총, 곽우민 편집, 장우 번역 2016.3 세계도서출판사 안공사)

서안 실크로드 역사문화 기행

초판 1쇄 발행   2017년 6월 19일
초판 2쇄 발행   2017년 11월 3일

지은이 | 이강국
펴낸이 | 박정태
편집이사 | 이명수   감수교정 | 정하경
책임편집 | 이정주   편집부 | 김동서, 위가연
마케팅 | 조화묵, 박명준, 최지성   온라인마케팅 | 박용대
경영지원 | 최윤숙

펴낸곳   Book★Star
출판등록   2006. 9. 8. 제 313-2006-000198 호
주소   파주시 파주출판문화도시 광인사길 161
              광문각 B/D 4F
전화   031)955-8787
팩스   031)955-3730
E-mail   Kwangmk7@hanmail.net
홈페이지   www.kwangmoonkag.co.kr

ISBN   978-89-97383-96-2 03910
가격   20,000원